Toni Hiebeler

Wo ich die Alpen am schönsten fand

rosenheimer

Inhaltsverzeichnis

Wo ich die Alpen am schönsten fand

Der große Reise- und Romanschriftsteller A. E. Johann, Alfred Wollschläger mit richtigem Namen, hat 1960 sein Buch »Wo ich die Erde am schönsten fand« herausgegeben. Die Alpen spielen in dem Buch so gut wie keine Rolle. Das hatte mich damals enttäuscht, weil A. E. Johann zu meinen Lieblingsautoren gehörte. Aber Alfred Wollschläger war halt auch kein Bergwanderer, kein Kletterer, kein Skifahrer, sonst wären bestimmt einige der schönsten Alpenplätze in seinem Buch beschrieben worden, vielleicht Soglio im Bergell oder Findeln bei Zermatt, Die Drei Zinnen oder St. Bartholomä am Königssee.

Dann begann in den letzten zehn Jahren die Idee zu dem vorliegenden Buch zu reifen. Und ich bin glücklich, daß es »Rosenheimer« Heimat gefunden hat. Da war auch noch der Titel »Wo die Alpen am schönsten sind« im Gespräch. Aber auch die subjektive Form, die ganz persönliche, stellte mich plötzlich, als ich grünes Licht für die Arbeit hatte, vor fast unlösbare Probleme, das Sichten und Entscheiden war eine Qual der Wahl. Von etwa 10 000 Alpen-Bildern hatte ich 475 in das »Rosenheimer«-Haus gebracht, natürlich mit dem Wissen, daß nur 48 Bildtafeln zur Verfügung standen. Und am Ende des letzten Kapitels war mir auch klar, daß ein mehrbändiges Werk entstehen müßte, um die Alpen, allein wo *ich* sie am schönsten fand, vorstellen zu können.

Ich sehe auch schon Briefe meiner Leser ins Haus flattern, levitische, weil die wunderschönen Allgäuer Alpen fehlen und die Ötztaler und Stubaier, und die Wiener werden mir schreiben, daß ihr herrlicher Peilstein fehle und auch der Schneeberg; die Grazer werden ihren Hochschwab beklagen und die Lienzer ihr wildes Felsenreich der Lienzer Dolomiten. Viele Berge und Gebiete werde ich aufgezeigt bekommen, die hier nicht erwähnt sind, die mir aber gleichwohl unvergessene Stunden und Tage des Erlebens vermittelten, und auch Gebiete, die vielleicht auch zu den schönsten der Alpen gehören, die ich aber noch nicht kenne – noch nicht; die Deferegger Alpen zum Beispiel, die Rieserferner- und Schober- und Goldberggruppe und einige wenige andere. Aber selbst wenn ich einst ein alter Mann bin, wird bestimmt immer noch die Sehnsucht nach weiteren Gebieten in mir flackern.

Denn als Bergfreund brauchst du mehrere Leben, um die ganzen Alpen, das schönste Gebirge der Erde, wie ich sie immer wieder gern nenne, kennenzulernen. Und auch nach mehreren Leben würden immer wieder neue Lücken aufbrechen, und jeder Bergsteiger, ob Wanderer oder Kletterer, kennt sie: Da bist du im Karwendel unterwegs, im Frühsommer, der dich mit seiner Blumenpracht begeistert und der unglaublichen Grünskala in den Wäldern, die im Herbst golden leuchten werden, das weißt du, und schon hast du den Wunsch, den Karwendelherbst zu sehen.

Oder du kommst, weil es nicht anders zu machen ist, in der berüchtigten Ferragosto-Zeit, den Augustfeiertagen um Mariä Himmelfahrt, zu den Drei Zinnen, erlebst den Massenbetrieb, der dich grenzenlos enttäuscht und der die Drei Zinnen nur als drei riesige Felsklötze erscheinen läßt, an die der Lärm von Menschen und Autos brandet. Dann hockst du irgendwo ein bissel abseits und starrst gegen die Zinnen und hängst den berühmten Gedanken nach, was das alles soll, und du kommst vielleicht auf die Frage, wie es hier wohl im Winter aussehen mag. Die Idee beginnt dich zu bewegen, zu faszinieren – und du kommst dann im Winter zu den Drei Zinnen, oder ganz spät im Herbst. Da siehst du kaum einen Menschen, und wenn doch, dann freust du dich über ihn, redest und freust dich mit ihm, weil es hier so schön ist, die Drei Zinnen, das Leben in den Bergen, die Begegnung mit Menschen in den Bergen. Also müßte man allein über die Drei Zinnen ein ganzes Buch machen, die Zinnen im Ablauf der Jahreszeiten, die ich alle erlebte, mehrmals. Aber ich könnte nicht sagen, die Drei Zinnen abgehakt zu haben wie eine Sache, die man hinter sich gebracht hat, vorbei, erledigt – nie könnte ich das sagen. Weil ich sie immer wieder neu entdecke.

Jeder bergbegeisterte Mensch hat seine Lieblingsgebiete, die er immer wieder gern besucht, und Lieblingsberge, die er immer wieder gern besteigt. Ich auch. Einigen habe ich im vorliegenden Buch ein Kapitel gewidmet – nicht ohne ein wenig egoistischer Wehmut, weil jetzt viele andere Bergfreunde »meine Berge« auch entdecken und lieben lernen werden. Aber letztlich auch mit Freude, weil ich es immer als eine wunderbare Sache empfinde, anderen Menschen Schönheit – oder Möglichkeiten, Schönheit zu finden – zu vermitteln. Und außerdem – ich erwähnte es am Beginn – kann hier ohnehin nur ein kleiner Teil von dem, wo ich die Alpen am schönsten fand, dargestellt werden.

Im Anhang sind die Abkürzungen erklärt, dazu die immer wieder auftretenden römischen Zahlen I bis VIII der Schwierigkeitsbewertung. Die bedeutendsten Berge sind im Rahmen kurzer, lexikalischer Texte noch zusätzlich im Anhang aufgeführt, als ergänzende Information zu den Kapiteln.

Zu guter Letzt auch noch ein Wort des Dankes. An das Rosenheimer Verlagshaus für die Herausgabe des Buches, an meine vielen Freunde, mit denen ich in den Bergen unterwegs sein durfte.

Toni Hiebeler

Bergheimat Vorarlberg

In Bludenz aufgewachsen und die Liebe zu den Bergen und zum Bergsteigen entdeckt, war es klar, daß ich die ersten zehn Bergsteigerjahre mehr oder weniger in den heimatlichen Bergen verbrachte, als Wanderer, Kletterer und Skibergsteiger. Im Rätikon, den ich buchstäblich vor der Haustür hatte, in der Silvretta, für die man damals, in den vierziger Jahren, eine kleine Weltreise in Kauf nehmen mußte; in den Klostertaler Alpen, die heute als »Lechquellengebirge« bekannt sind, und im Verwall mit seinen herrlichen Granitbergen. Nachdem ich Jahrzehnte später die ganzen Alpen kennengelernt und die meisten Hochgebirge unserer Erde durchstreift hatte, wußte ich, daß die Liebe zu meinen Heimatbergen nicht nur eine Liebe der Jugend war, und, vor allem, daß meine Heimatberge außergewöhnlich schön sind und eine Vielfalt haben, die mich auch heute noch begeistert. Es vergeht kein Sommer ohne eine Tour in den heimatlichen Bergen.

Geliebter Rätikon

Der Rätikon ist eine der eigenwilligsten und interessantesten Berggruppen der Ostalpen. Seine höchsten Berge erheben sich im Grenzkamm zwischen dem Fürstentum Liechtenstein, der Schweiz und Österreich: Schesaplana (2964 m), Drusenfluh (2827 m), Drei Drusentürme (2754 m) und Sulzfluh (2818 m). Der Rätikon gehört zwar noch zu den Zentralalpen, ober geologisch hat er größtenteils den Charakter der Nördlichen Kalkalpen, obwohl riesige Urgesteinskeile in die Kalkmassive hineinreichen. Aber gerade das gibt dem Berggebiet einen ganz besonderen Reiz. Der Rätikon bietet alles, was Wanderer und Bergsteiger lieben. Bizarre Felstürme gibt es genauso wie wuchtige Gipfelgestalten oder breite Felskolosse mit 600 Meter hohen Steilwänden.

Der Rätikon ist im Osten vom Gargellental und Schlappinatal, im Norden vom Illtal (Montafon und Walgau), im Westen vom Rheintal und im Süden vom Landquarttal (Prättigau) begrenzt; von Nord nach Süd vierzig Kilometer lang, zwischen West und Ost fünfzehn bis zwanzig Kilometer breit. Die Gipfelhöhen liegen zwischen 2000 und knapp 3000 Meter; 26 Gipfel zwischen 2000 und 2500 Meter, 33 zwischen 2500 und 3000 Meter. Ein gut durchdachtes Netz von Wanderwegen verbindet rund fünfzig Hütten und Berggasthöfe. Die wichtigsten Talorte sind Feldkirch, Bludenz, Vandans, Schruns, Tschagguns, Gargellen, auf der Liechtensteiner Seite Vaduz und Steg, im Prättigau Schiers und St. Antönien.

Man sagt *der* Rätikon, nicht »das«, wie man es vielfach hört. Der Name geht auf Retico mons (mons = Berg) zurück. Der Urname ist schon um vierzig bis fünfzig Jahre nach Chr. belegt, aber nicht als Bezeichnung für die heutigen

Rätikonberge, sondern wahrscheinlich für das Siebengebirge oder die Rhön. Der römische Geograph Pomponius Mela hat in seiner »Chorographia« die höchsten Gebirge Germaniens als »Taunus« und »Retico mons« bezeichnet. Der St. Gallener Joachim von Watt schrieb 1518 über des Römers Geographie einen Kommentar, wobei er den Retico mons aus Germanien einfach nach Rätien (Prättigau = Rätigau) versetzte. Aber erst seit gut hundert Jahren werden die Berge zwischen Ill und Alpenrhein als Rätikon bezeichnet.

Die außergewöhnlich reiche und vielfältige Flora ist durch den unterschiedlichen geologischen Aufbau dieser Gruppe zu erklären. Wir begegnen nicht nur Blumen, die wir von den reinen Kalkgebirgen her kennen, sondern auch solchen, die meist nur in den kristallinen Gruppen der Zentralalpen zu finden sind. Denn der Rätikon besteht aus drei verschiedenen Gesteinsarten: Kalk, Schiefer und Gneis. Die Vergletscherung ist gering; ein kleiner Plateaugletscher an der Schesaplana (Brandner Ferner) und ein kleiner Kargletscher an den Drei Drusentürmen (Eistobel), was besonders für Bergwanderer von Vorteil ist.

Die bergsteigerische Erschließung hatte im Rätikon ungewöhnlich früh begonnen: bereits 1610 wurde die Schesaplana von David Pappus mit den beiden Montafonern Christa Barball und Claus Manall erstbestiegen – eine der frühesten Gipfelbesteigungen überhaupt. Die Zimba, das »Vorarlberger Matterhorn«, ein ausgesprochener Kletterberg, wurde von dem Bludenzer Anton Neyer schon 1848 erstiegen, siebzehn Jahre vor der Matterhorn-Erstbesteigung! Und dabei war Anton Neyer gar nicht der erste: er war in Gipfelnähe auf ein menschliches Skelett gestoßen (der Unbekannte war vermutlich von einem Unwetter überrascht und von einem Blitz getroffen worden).

Um 1870 waren alle bedeutenden Rätikonberge erstiegen. Fünfzig Jahre später (1920) begann das Ringen um die großen Rätikon-Wände. Aber bald setzte der Zweite Weltkrieg der Entwicklung ein jähes Ende. Da begannen meine Bergsteigerjahre. Mit zwölf Jahren eroberte ich im Rätikon meinen ersten richtigen Kletterberg, die Zimba, allein wie damals Anton Neyer. Von der Zimba aus sah ich im Süden gewaltige Felsklötze aufragen, die Drusentürme, Drusenfluh und Sulzfluh, Berge, die ich nur dem Namen nach kannte. Denn im Krieg war das ganze Rätikon-Grenzgebiet, auch der Bereich um die Lindauer Hütte, Sperrgebiet, für Bergsteiger nicht erreichbar. Erst im Frühjahr 1946 durfte es wieder besucht werden. Da war ich ein sechzehnjähriges Bürschle. Im Juli 1946 kam ich erstmals zur Lindauer Hütte. Ich stand vor der Hütte, stierte hinauf zur 500 Meter hohen Westwand der Kleinen Sulzfluh und fragte den Hüttenwirt nach den Routen da drüben. Ludwig Dajeng, Bergführer und damaliger Wirt, schaute mich herablassend an und sagte, daß es an der Kleinen Sulzfluh-Westwand noch keine Route gäbe, und daß ich froh sein solle, wenn ich auf dem Normalweg den Großen Drusenturm erreichte. Also rannte ich am gleichen Nachmittag noch schnell auf den Großen Drusenturm und kletterte am nächsten Tag durchs Verborgene Kar auf die Drusenfluh – allein.

Man muß sich das vorstellen: eine Fünfhundertmeterwand, einige Steinwürfe von einer schönen Hütte entfernt, ohne auch nur eine einzige Route. Und an den großen Südwänden von Sulzfluh, Drusentürmen, Drusenfluh und Kirchlispitzen, zusammengerechnet etwa fünfzehn Kilometer lang und durchschnittlich dreihundert bis sechshundert Meter hoch, waren nur zehn Routen bekannt.

Die Drei Drusentürme im Rätikon bilden den Abschluß des Gauertales, einem linken Seitental des Montafon (Vorarlberg); es wird gelegentlich als eines der schönsten Hochtäler der Ostalpen bezeichnet. Wanderungen und Bergbesteigungen werden von der Lindauer Hütte aus unternommen.

Mount Drei Drusentürme in the Rätikon forms the border of the Gauer Valley which is one of the smaller valleys to the left of Montafon (Vorarlberg); it is sometimes described as being one of the most beautiful high-lying valleys in the Eastern Alps. Mountain rambles and climbs are made starting from the cabin at Lindau which is known as the "Lindauer Hütte".

Nächste Seite:
Morgenstimmung über der Skyline des Schwarzhorns im Rätikon – eine Stimmung, die kein Bergsteiger liebt, weil ihr fast immer Schlechtwetter folgt.

Following page:
"Red sky in the morning" over the Schwarzhorn skyline in the Rätikon the kind of sight no mountaineer relishes since bad weather almost always follows.

Bekannt und berüchtigt waren vor allem die 600 Meter hohe Drusenfluh-Südwand, der Diechtl-Pfeiler, die steinschlagbedrohte Stößer-Schlucht und der Anstieg des sächsischen Alleingehers Emanuel Strubich (III–IV) von 1921. Die Drusenfluh-Südwand hatte in den vierziger Jahren einen ähnlich dunklen Nimbus wie die Eigerwand in den fünfziger Jahren. Man hörte in den Hütten wahre Schauergeschichten: jeder Seilschaft ungerader Begehungen (3., 5., 7. Begehung usw.) sei bisher etwas zugestoßen, tödlicher Absturz oder schwer verletzt. Und als ich 1947 die elfte Begehung und zugleich erste Alleinbegehung des Diechtl-Pfeilers ausführte – nur weil den Spezl schon in der Hütte die Angst gepackt hatte –, da galt ich in Bludenz bis zum Sommer 1948 als alpiner Münchhausen, weil mir keiner die Geschichte geglaubt hatte. Zum Glück hatte ich zwei von Muttern gestickte »TH«-Taschentücher an zwei verschiedene Haken gebunden; mit Richard Blacha kam es dann im Sommer darauf zum »Lokalaugenschein«, worauf meine Bergsteigerehre wieder hergestellt war.

Im Spätsommer 1947 – ich hatte wieder einmal keinen Partner – durchkletterte ich auch noch die Südwandkaminreihe des Kleinen Drusenturms (V). In Bludenz hatte kein Mensch geglaubt, daß es im Rätikon Routen gab, die um einiges schwieriger sind als die Drusenfluh-Südwandanstiege (ein Jahr später konnte Richard Blacha die »TH«-Tücherl dann auch in den Südwandkaminen bewundern – und die Schwierigkeiten dazu).

Da war dann noch die 600 Meter hohe Südwand des Großen Drusenturms. Über die sprachen die älteren Kletterer Vorarlbergs meist nur flüsternd, als wäre von einem beängstigenden Ungeheuer die Rede. Der »Burgerweg« (1933) sei eine Route, über deren Schwierigkeit man sich überhaupt keine Vorstellung machen könne. Und es war klar, daß uns Jungen das Burgerweg-Geheimnis auf den Nägeln brannte.

Meine eigentlichen Kletterfreunde gleichen Alters paßten wieder einmal. Im August 1948 hatte ich dann in Hans Franzoi endlich einen Partner für den Burgerweg gefunden. Hans Franzoi war zehn Jahre älter als ich, lang und dürr wie eine Bohnenstange, und die Zeiten waren schlecht. Unser Burgerweg-Proviant war eine Handvoll Grießzucker. Hans kletterte barfuß, ich in Dachdeckerschuhen mit zwei Zentimeter dicken Hanfsohlen. Die zwölf Millimeter dicken Hanfseile, zwei Stränge von je 30 Meter Länge, machten uns ständig das Gesetz der Schwerkraft bewußt. Da kamen wir endlich auf jenen unglaublichen Klemmblock, dessen Labilität später berühmt wurde: ein Block von der Größe eines VW-Käfers in einem nach unten geöffneten A-förmigen Spalt verklemmt; zwischen Klemmblock und den Seitenwänden sind kleinere Blöcke eingelagert wie in einem Kugellager. Auf dem Block sitzend spürte man bei der kleinsten Bewegung ein beängstigendes Vibrieren des ganzen Blockgefüges. Das Weiterkommen war klar; ein etwa zwei Meter ausladendes Felsdach, in dem drei rostige Haken steckten, von unten nach oben geschlagen. Doppelseiltechnik kannten wir nur vom Hörensagen. Aber wir hatten sie bald kapiert und das Dach hinter uns.

Ein Jahr später lernte ich die berühmte Comici-Route an der Nordwand der Großen Zinne in den Dolomiten kennen. Comici-Route und Burgerweg sind 1933 erstbegangen worden. Aber keine Comici-Stelle ist so schwierig wie die Schlüsselstelle des Burgerweges! Und erst Jahre später erfuhr ich, was die Vorarlberger Ernst Burger, Karl Bizjak und Fritz Matt 1933 am Großen Turm wirklich geleistet hatten: Sie hatten nicht das Dach der heutigen Schlüsselstelle (VI/A2) überwunden, sondern die Fortsetzung des A-Spaltes bezwungen, der drei Meter über dem Klemmblock als überhängendes Monstrum jeden Kletterer beeindruckt; die Stelle ist über vierzig Jahre lang nicht wiederholt worden. Ende der siebziger Jahre, als sich bei uns die Freeclimber-Welle auszubreiten begann und viel über den VII. Schwierigkeitsgrad gesprochen wurde, über jene Schallmauer, die man erst in den siebziger Jahren gemeistert zu haben glaubte, schrieb ich: ». . . ich wette, daß der Burger-Riß mindestens VI bis VII ist«. Erst 1979 gab es eine Wiederholung. Der Vorarlberger Beat Kammerlander, einer der besten Kletterer Österreichs: ». . . VII-, vielleicht auch VIII.« Die Wiederholer hatten superleichte Seile und Reibungskletterschuhe . . .

Der VII. Schwierigkeitsgrad wurde also nicht erst von der heutigen Bergsteigergeneration gemeistert, wie man immer glaubte, sondern bereits 1933 an meinen Heimatbergen.

Wenn ich mit der heutigen Ausrüstung im Steilfels unterwegs bin, mit einem perfekten Sortiment von Haken und Klemmkeilen, mit Expreßschlingen und Friends (Rißklemmen) und leichten Seilen, die auch bei Regen noch geschmeidig bleiben, denke ich immer an unsere frühen Klettereien im Rätikon. Etwa an die Erstbegehung der Direkten Sulzfluh-Südwestwand 1949 mit Franz Bachmann. Da hing ich am Ende der Schlüsselstelle, um kurz zu verschnaufen, und sah zu meinem Entsetzen, daß bei jeder Seilbewegung, die ich verursachte, unter mir die Haken aus dem Riß purzelten, einer nach dem andern, weil wir einfach nicht die passenden Haken hatten – es gab sie nicht. Biwakiert wurde ohne Biwaksack, weil es keinen zu kaufen gab. Wir hatten etwa ein Dutzend Hefte des »Wiener Magazin« (der »Playboy« der vierziger Jahre) mitgenommen und genossen die »wärmende« Lektüre bei Kerzenschein. Dann zerrissen wir die schönen Magazine und stopften das isolierende Papier unter den Pulli und in die Hosen, Knäuel für Knäuel.

Am nächsten Morgen, es war bitterkalt, wäre der »Wiener-Magazin«-Papierhaufen für mich beinahe zum Verhängnis geworden: direkt über dem Biwakplatz ein Überhang, an dem ich mich hochschuftete. Franz Bachmann, der vor Kälte schlotterte, zündete den Papierhaufen an – ich kam mir vor wie ein aufgespießter Ochs überm Feuer und schrie verzweifelt, daß Franz das Feuer löschen müsse, und zwar sofort – und Franz konnte . . . Erlösung.

Sulzfluh-Südwestwand, vielleicht die schönste Rätikonwand. Ich habe sie über vierzigmal auf verschiedenen Routen durchklettert. Die Erlebnisse, heitere und dramatische, würden ein Buch füllen. Im Mai 1952 mit dem Schweizer Ueli Wyss in der »Unmittelbaren«, die Wilfried Brunold und ich 1950 erstbegangen hatten. Alles war bestens gelaufen. Bis zum Standplatz nach dem Doppelüberhang, die Schlüsselstelle. Ueli sollte nachkommen. Aber die Seile hatten sich zwischen ihm und mir in einem Spalt verklemmt. Am Standhaken, den ich persönlich bei der Erstbegehung geschlagen hatte, ließ ich mich am Seil hinab, riß die Seile aus ihrer Verklemmung, hantelte mich wieder hoch . . . da riß der Standhaken, an dem ich hing . . . Luft, Abgrund – ein Ruck, der erste der sechs Haken im Doppelüberhang flog mit, dann auch der zweite, der dritte und vierte und fünfte und sechste, immer wieder nach einem spürbaren Ruck . . . der Fels raste an mir vorbei . . . die Erde kam näher – beim nächsten Ruck kommt Ueli, dachte ich . . . Sekundenbruchteile, die eine Ewigkeit sein können, Ewigkeit des Schreckens . . . der letzte Ruck, ich pendelte unter einem Überhang, nach 42 Metern freien Fluges – Ueli hatte gehalten. Ein paar Schrammen am Schädel, schmerzende Rippen. Nie mehr Klettern. Darüber waren wir uns einig. Rückzug, Niedergeschlagenheit. Wir brauchten Tage, um uns von dem Schock zu erholen.

Dann kletterten wir wieder, fünfeinhalb Monate lang auf den damals schwierigsten Routen zwischen Gesäuse und Dauphiné. Und immer wieder bin ich zur Sulzfluh-Südwestwand zurückgekehrt.

Zuletzt am 6. September 1981. Mit Meinhard von Ow wollte ich die Neumann-Stanek-Route (V+) klettern. Die kannte ich von über dreißig Begehungen. Eine herrliche Route, außergewöhnlich fotogen. Aber nie waren gute Kletterbilder entstanden, weil ich immer als Seilerster geklettert war. Diesmal sollte unter Führung von Meinhard eine echte Fototour steigen. Eine Südwestwand bekommt relativ spät Licht, also stiegen wir erst gegen Mittag hinauf zum Wandfuß. Wenige Meter von ihm entfernt – ein plötzlicher Krach weit oben in der Wand ... Rauschen, wie damals im Krieg, als die Bomben fielen ... ein paar Sprünge an die Wand, an den Fels gepreßt ... kopfgroße Felsbrocken, die links und rechts und hinter uns einschlagen – immer wieder, Krachen und Schwefelgestank ... Inferno, sekundenlang.

Ein echtes Wunder, daß wir in dieser Steinschlaghölle überlebten (Wochen später erfuhr ich, daß zwei Churer Kletterer in den letzten vierzig Metern seitlich der Route einen mehrere Meter hohen Felsturm zum Absturz gebracht hatten – auch in den Bergen gibt es gelegentlich Wunder; seither feiere ich den 6. September immer als zweiten Geburtstag).

Aber die Fototour ist dann auch noch gestiegen. –

Und den Rätikon werde ich immer wieder besuchen. Nicht nur, weil er zu meiner Bergheimat gehört, sondern weil seine Gipfel und Täler ganz einfach schön sind und jeden Berg- und Naturfreund begeistern.

Die schönsten Wanderrouten

Die großartigste Möglichkeit, den Rätikon in seiner Ganzheit kennenzulernen und zu erleben, ist zweifellos die Ost-West-Durchquerung von Gargellen bis nach Feldkirch in sechs Tagen:

1. Gargellen – Sarotla-Joch – Plasseggenpaß – Grubenpaß – Tilisuna-Hütte; 2. Sulzfluh – Rachen – Lindauer Hütte; 3. Drusentor – Rätikon-Höhenweg Süd – Colrosa – Gemslücke – Totalphütte; 4. Schesaplana – Schesaplanahütte; 5. Hochjoch – Liechtensteiner Höhenweg – Pfälzer Hütte; 6. Steg – Fürstensteig – Drei Schwestern – Feldkircher Hütte – Feldkirch.

Der Weg bringt uns auf zwei ungewöhnlich lohnende Aussichtsberge: Sulzfluh und Schesaplana, und zwar ohne nennenswerte Schwierigkeit; genächtigt wird dreimal in österreichischen Hütten (ÖAV und DAV), je einmal in einer Schweizer und Liechtensteiner Hütte, was dem ganzen Unternehmen Abwechslung und internationales Flair gibt. Die Tagesleistungen liegen bei durchschnittlich fünf bis sechs Stunden. Natürlich kann die Rätikon-Durchquerung auch noch mit zusätzlichen Gipfelbesteigungen angereichert und verlängert werden: Weißplatte bei der Tilisuna-Hütte, Geißspitze und Großer Drusenturm bei der Lindauer Hütte und Naafkopf bei der Pfälzer Hütte.

Sehr reizvoll und etwas gemütlicher ist die Durchquerung des zentralen Rätikon ganz auf Vorarlberger Seite (Nordseite) in vier Tagen: 1. Tschagguns/Latschau (im Montafon) – Golm (Standseilbahn) – Lindauer Hütte; 2.

Öfapaß – Verajöchli – Lünersee – Douglass-Hütte; 3. Saulajoch – Saulakopf (gesicherter Steig) – Hueter-Hütte; 4. Zimbajoch – Sarotlahütte – Bürs/Bludenz. Diese großartige, sehr kontrastreiche Wanderroute erfordert täglich dreieinhalb bis fünf Gehstunden und ist weniger hochalpin als die große Ost-West-Durchquerung.

Zu guter Letzt bietet der Rätikon auch zahllose Möglichkeiten für hübsche Tageswanderungen, die vom Tal aus unternommen werden können. Zu den schönsten gehören:

1. Tschagguns – Grabs (Sessellift) – Tobelsee – Schwarzhornsattel – Tilisuna-Hütte – Gampadelstal – Tschagguns, vier bis fünf Stunden.
2. Tschagguns/Latschau – Golm (Standseilbahn) – Hätaberger Jöchli – Geiß-spitze – Lindauer Hütte – Gauertal – Latschau, sechs bis sieben Stunden; ohne Geißspitze zwei bis drei Stunden kürzer.
3. Vandans – Rellstal (Fahrstraße bis Vilivau-Alpe) – Alpe Lün – Lüner Krinne – Douglass-Hütte – Saulajoch – Hueter-Hütte – Vilivau-Alpe, vier bis fünf Stunden.
4. Bludenz/Brunnenfeld – Gavalina Alpe – Gavalina-Joch – Nonnen Alpe – Bürs/Bludenz, vier bis fünf Stunden.
5. Brand – Douglass-Hütte – Lünersee-Umrundung – Douglass-Hütte, eineinhalb bis zwei Stunden.
6. Brand – Niggenkopf (Sessellift) – Parpienzsattel – Bürserberg, zwei Stunden; oder Niggenkopf – Amatschon-Joch – Alp Palüd – Brand, zwei Stunden.

Alle sechs Tagestouren sind vollkommen gefahrlos und anhand der Wanderkarte denkbar leicht zu finden, auch ohne ausführliche Beschreibung.

Die schönsten Kletterrouten bis III

Zimba-Überschreitung: Sarotlahütte (2½ Stunden von Brand) – Aufstieg über den Nordostgrat (II, 3 Stunden von der Hütte) – Abstieg über Westgrat (II) – Zimbajoch – Sarotlahütte (2½ Stunden vom Gipfel).

Saulakopf-Ostkamin (»Saulakamin«): Hueter-Hütte (1 Stunde aus dem Rellstal, Fahrstraße von Vandans) – Ostkamin (II, 2 Stunden) – Abstieg auf gesichertem Steig (1½ Stunden bis Hütte).

Kirchlispitzen-Überschreitung: Douglass-Hütte (Seilbahn von Brand) – Cavalljoch (1½ Stunden) – Überschreitung aller 7 Kirchlispitzen von West nach Ost (II–III, 5–6 Stunden) – Abstieg zum Schweizer Tor (1 Stunde) – zurück über Verajöchli zur Douglass-Hütte (2 Stunden); teilweise brüchig, jedoch landschaftlich außergewöhnlich schön.

Drusenfluh-Überschreitung: Lindauer Hütte (2 Stunden vom Golm, Standseilbahn von Latschau/Tschagguns) – Schweizer Tor (2 Stunden) – Westgrat (II, 4–5 Stunden) – Abstieg über die Schweizermulde zum Öfapaß (I–II, 2 Stunden).

Drusentürme-Überschreitung: Lindauer Hütte – Eistobel/Eisjöchle (3 Stunden) – Großer-Turm-Westflanke (I–II, 2 Stunden) – Mittlerer Turm (Weg, 30 Minuten) – Kleiner-Turm-Normalroute (II, 30 Minuten) – Abstieg zur Lindauer Hütte (Weg, 2 Stunden).

Tschaggunser-Mittagspitze-Ostkante: Grabs (Sessellift von Tschagguns) – Einstieg (1½ Stunden) – Ostkante (II–III, 1 Stunde); hübsche Kletterei, lohnender Aussichtsberg. Abstieg über Südseite (I) nach Grabs (1 Stunde).

16

Führer/Karten: Für Bergwanderungen und leichte Gipfelbesteigungen genügt der »Kleine Führer Rätikon« von Günther Flaig; für Kletterfahrten AVF »Rätikon« von Günther und Walther Flaig, beide Bergverlag Rudolf Rother, München; für Wanderungen und leichte Gipfelbesteigungen im Montafoner Bergraum »Alpenpark Montafon« von Hermine und Walther Flaig, Verkehrsverband Montafon.

Freytag-Berndt-Wanderkarte 1:50 000, Blatt 371 »Bludenz, Klostertal, Montafon«; zur Übersicht für alle vier Berggebiete (Rätikon, Silvretta, Verwall, Lechquellengebirge) Freytag-Berndt-Wanderkarte 1:100 000, Blatt 37 »Rätikon, Silvretta- und Verwallgruppe«.

Silvretta-Gletscherwelt

Die Silvrettagruppe zählt zu den schönsten und beliebtesten Berggebieten der Ostalpen. Ihre Berge erheben sich auf einer Gesamtfläche von rund 700 Quadratkilometern. Über ihren Hauptkamm verläuft die Staatsgrenze zwischen Österreich (Vorarlberg und Tirol) und der Schweiz (Graubünden). Genau auf dem Gipfel der Dreiländerspitze treffen sich die Grenzen Vorarlbergs, Tirols und der Schweiz.

Die Deutung des Namens hat schon viele Sprachforscher beschäftigt. Heute herrscht Einigkeit darüber, daß Silvretta sich von dem lateinischen »salvetta«, was so viel wie »gute Alpe« bedeutet, herleitet. Die Silvrettaberge reichen im Westen bis zum Gargellental, im Norden bis ins Montafon (Partenen) und Paznauntal (Galtür), im Osten bis zum Fimbertal, im Süden bildet das Unterengadin (Scuol) die Gebietsgrenze.

Die Berge der Silvretta sind mit keiner anderen Gruppe vergleichbar. Obwohl sehr stark vergletschert, bieten sie so gut wie keine ausgesprochenen Eisanstiege. Dagegen ist die Silvretta ein Paradies für Gletscherwanderungen. Auf den Kletterer warten ungewöhnlich schöne Gratüberschreitungen, zum Beispiel an den Fluchthörnern und Großlitzner-Seehorn. Und nicht zuletzt muß die Silvretta als erstklassiges Skitourengebiet genannt werden. Höchste Gipfel sind Piz Linard (3411 m), Fluchthorn (3399 m) und Piz Buin (3312 m). Es gibt 74 Dreitausender. Die Silvretta besteht aus Kristallingestein, vorherrschend Gneise und Hornblende.

Elf Bergsteigerhütten der Alpenvereine und des Schweizer Alpenclubs stehen als Stützpunkte für Bergbesteigungen und Skitouren zur Verfügung. Die Erschließungsgeschichte der wichtigsten Silvrettaberge war Mitte der sechziger Jahre des letzten Jahrhunderts weitgehend abgeschlossen.

Die Silvretta hat nie durch Erstbegehungen spektakulärer Wände oder Pfeiler von sich reden gemacht – es gibt sie nicht. Aber für mich waren die Grate und Flanken der Silvretta gleichwohl groß und wunderbar. Allein schon der Name Silvretta hatte für mich eine magische Anziehungskraft. Kurz nach dem Krieg, sechzehn Jahre alt, brannte in mir eine wahre Sehnsucht nach der »Blauen Silvretta«. Aber im Rahmen von Wochenendtouren war da wegen der miserablen Verkehrsverbindungen nichts zu machen. Also übersiedelte ich für einen Sommer von Bludenz nach Silvrettadorf, einer Barackensiedlung auf Vermunt, wo die riesige Staumauer für den heutigen Silvretta-Stausee gebaut wurde. Hilfsarbeiter für die primitivsten Arbeiten waren immer willkommen. Mir wurde die Säuberung von Schalungsbrettern anvertraut. Von früh bis spät kratzte ich die Betonreste von den Brettern weg. Aber

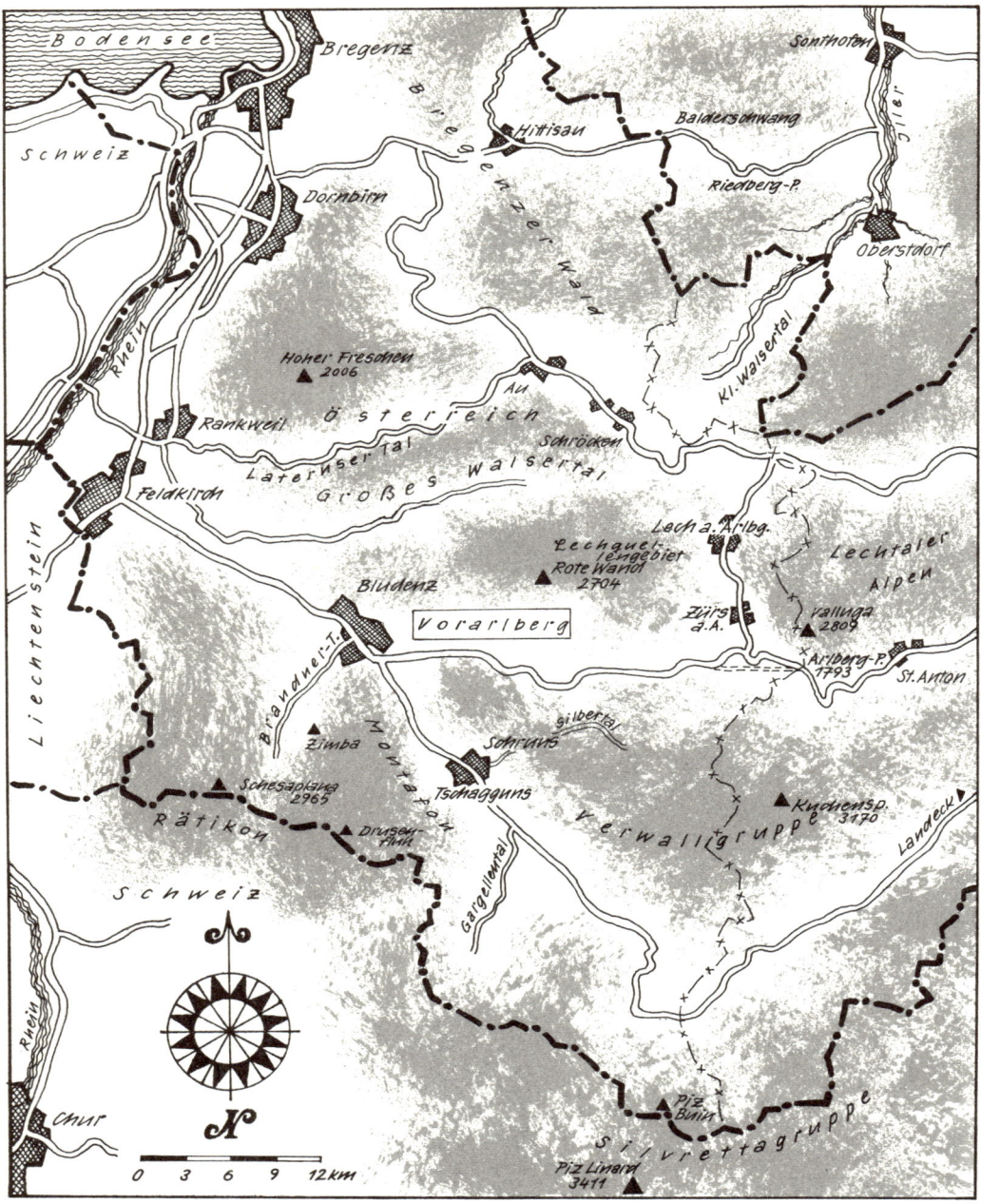

ich war rundum ein glücklicher Mensch, weil ich während der Arbeit immer
wieder zu den Silvrettabergen schauen und sie zwischen Samstagmittag und
Sonntagabend auch besteigen konnte. Natürlich war unter den Staumauer-
Kollegen kein Partner für die Berge zu finden; sie erholten sich am Wochenende zu Hause von der harten Arbeit. Also war ich meistens allein unterwegs, Wochenend für Wochenend, bis ich alle wichtigen Gipfel kennengelernt hatte.
Erstes Ziel war die Nordwand des Piz Buin, die ich täglich vom Arbeitsplatz
aus sehen konnte. Vor der Wand war ein Bergschrund, etwa zwei Meter breit
und ziemlich tief. Nach einigem Suchen entdeckte ich eine Firnbrücke. Über
sie kroch ich, jede abrupte Bewegung vermeidend und von Angst gepeinigt,
aufwärts – die Brücke hielt. Etwa fünfzig Meter oberhalb des Bergschrunds
machte mir ein vereister Felsriegel zu schaffen. Die Eisauflage war zu dick,

um einen vernünftigen Griff und sichere Tritte freizukriegen, und zu dünn, um die Steigeisen richtig einzusetzen. Aus Wut und Angst schlug ich mit dem Pickel wild auf die Eisplatte – bis sie platzte . . . rasende Fahrt hinab durch die Eisrinne, begleitet von Eisbrocken . . . der dunkle, auf mich zukommende Bergschrund, die Brücke . . . Mensch, du mußt die Brücke erwischen – einige harte Schläge am Hinterteil, vorbei, lähmender Schock, Blei in den Adern. Erholungspause, zwei Kartoffeln mit Salz – ich war wieder da.

Wieder der Bergschrund, die Brücke, der Felsriegel. Jetzt war er eisfrei, eine gemähte Wiese. Freude am Bergsteigen kam auf, Freude am Leben, Freude über den Tag; zwei Stunden später der Gipfel. Einen Sonntag später war der Großlitzner mein Ziel. Von Westen gesehen schaut der Berg aus wie ein kühner Campanile in den Dolomiten. Eine der schönsten Silvrettatouren bildet die Ost-West-Überschreitung Großlitzner – Seehorn – schon damals eine Modetour ersten Ranges mit einer steilen Abseilstelle am Litzner-Westgrat. Unvergleichlich schwieriger ist die West-Ost-Überschreitung, mein Ziel.

Keine Probleme am Seehorn. Spaß am Litzner-Westgrat. Bis zur Abseilstelle. Da setzte ich mich auf einen Absatz, um die schweren Nagelschuhe in den Rucksack zu packen, denn die steile Abseilstelle im Aufstieg traute ich mir nur barfuß zu. An der Abseilstelle eine abseilende Seilschaft, der Bludenzer Bergführer Franz Spescha mit einer Dame. Unangenehmer Dialog:

»Ja Büable, was machst denn du da?«

»Ich geh' auf den Litzner.«

»Mit wem?«

»Mit dem Rucksack.«

Dann klärte mich Franz Spescha auf, mahnend und nicht gerade sehr sanft, daß man nicht allein gehen soll, daß man die Überschreitung immer so mache wie er und daß das alles viel zu gefährlich sei für mich; er wolle mich an sein Seil und zurück aufs Seehorn nehmen. Da flehte ich den Franz Spescha an, daß er mich wenigstens die ersten paar Meter probieren lassen möge – Minuten später lag die Abseilstelle unter mir.

»Bisch'd guat, Büable!« hörte ich noch von unten. Wenig später ließ ich mir auf dem Gipfel drei gekochte Kartoffeln schmecken – was richtiger Tourenproviant war, wußte ich nicht.

Ich weiß nicht mehr, auf wie vielen Silvretta-Gipfeln ich stand, ich weiß nur, daß sie mir viele herrliche Erinnerungen brachten und auch heute noch bringen, jedes Jahr, vor allem im Winter auf Skitouren.

Die schönsten Wanderrouten

Auch wenn man für Gletschertouren zu wenig Erfahrungen hat, braucht man als Bergwanderer auf die Silvretta nicht zu verzichten; sogar unvergletscherte Aussichtsberge können ohne Schwierigkeit bestiegen werden. Hier bietet sich eine großzügige Ost-West-Durchquerung in vier Tagen an.

Silvretta-Durchquerung: 1. Tag Galtür (Paznauntal) – Jamtalhütte (3 Stunden); 2. Gletscherscharte – Bieltal – Bielerhöhe – Madlener Haus (6 Stunden); 3. Kromertal – Hochmaderer Joch – Tübinger Hütte (5 Stunden); 4. Mittelbergjoch – Vergaldner Joch – Vergaldner Tal – Gargellen (4–5 Stunden). Alle Streckenabschnitte sind unvergletschert und bei gutem Wetter gefahrlos und mit größtem Genuß zu begehen.

Auch lohnende Tageswanderungen können in der Silvretta vom Tal aus unternommen werden:

Hohes Rad: Ein exzellenter Aussichtsberg über dem Ostufer des Silvrettasees. Bielerhöhe – Wiesbadener Hütte (2½ Stunden) – Radsattel – Hohes Rad (3 Stunden) – entlang der Rad-Ostflanke gemütlicher Abstieg zur Bielerhöhe (2 Stunden)

Saarbrücker Hütte: Eine gediegene und landschaftlich großartige Tagesrunde: Madlener Haus beim Silvrettasee – Tschifernella Alpe (aufgelassen) – Schwarze Böden – Saarbrücker Hütte (2½ Stunden) – Abstieg durchs Kromertal zur Silvretta-Hochalpenstraße (1 Stunde).

Schafbodenberg: Sehr lohnender Aussichtsberg bei Partenen: Trominier (Standseilbahn von Partenen) – Schafbodenberg (2½ Stunden) – Nordabstieg nach Ganeu – Fenggatobel-Schluchtweg nach Gaschurn (2½ Stunden).

Gantegrat: Sehr empfehlenswerter Aussichtsberg bei Gaschurn: Garfrescha (Seilbahn von St. Gallenkirch) – Gantegrat-Höhenweg – Gantekopf – Versettla (3½ Stunden) – Abstieg nach Gaschurn (2 Stunden).

Heimspitze: Beliebter Aussichtsberg bei Gargellen mit großem Blumenreichtum und Steinwildkolonie: Gargellen – Vergaldner Tal – Alpe Vergalden – Heimbühel – Heimspitze (4½ Stunden) – Abstieg durchs Novatal nach Garfrescha (3½ Stunden).

Die schönsten Kletterrouten bis III

Wie bereits eingangs erwähnt, ist die Silvretta kein ausgesprochenes Klettergebiet, sondern in erster Linie ein Paradies für Skitourenfahrer. Dazu kommt, daß fast alle Kletterrouten auch noch etwas Gletschererfahrung voraussetzen.

Fluchthorn-Überschreitung: Jamtalhütte – Nord-Süd-Überschreitung der Fluchthörner – Jamtalhütte (III, 7–8 Stunden von Hütte zu Hütte).

Piz Buin: Wiesbadener Hütte – Wiesbadener Grätle – Buin-Normalroute (I–II, 4½ Stunden) – Abstieg auf leicher Route.

Litzner-Seehorn-Überschreitung: Saarbrücker Hütte – Großlitzner-Normalroute (II) – Abstieg über Westgrat (II, 1 × Abseilen) – Litzner Scharte – Ostgrat Großes Seehorn (II) – Abstieg über Westflanke (I–II, 6–7 Stunden).

Plattenspitzen-Überschreitung: Eine der schönsten, jedoch wenig begangenen Silvretta-Kletterrouten (II–III) in gutem Fels: Tübinger Hütte – Plattenjoch – Östliche Plattenspitze – Südlicher Plattenturm – Nördlicher Plattenturm – Zwillinge – Blodigturm – Valgraggesscharte (6–8 Stunden von Hütte zu Hütte); Notabstiege entlang des Grates möglich.

Führer/Karten: Für Wanderungen »Kleiner Silvretta-Führer« von Walther Flaig und »Alpenpark Montafon«; für Gipfelbesteigungen AVF »Silvretta« vom gleichen Verfasser, Bergverlag Rudolf Rother, München; Freytag-Berndt-Wanderkarte 1:50 000, Blatt 373 »Silvretta-Hochalpenstraße, Piz Buin«; Übersichtskarte wie unter Rätikon.

Stilles Verwall

Die Verwallgruppe, kurz *das* Verwall, hat folgende Begrenzung: Montafon – Klostertal – Arlberg – Stanzertal – Paznaun – Zeinisjoch. Knapp die Hälfte,

Die Zimba im Rätikon ist auch als »Matterhorn Vorarlbergs« bekannt und gehört zu den beliebtesten Bergen des Landes. Links der sehr lohnende Ostgrat (III), rechts das Zimbajoch, über das ein aussichtsreicher Weg führt.

Mount Zimba in the Rätikon is also known as the "Matterhorn of Vorarlberg" and is one of the most popular mountains in the country. On the left the very rewarding eastern ridge (III) and on the right Mount Zimbajoch over which there runs a path offering the mountaineer a very good view of the surrounding countryside.

der westliche Teil, gehört zu Vorarlberg, bildet die westliche und zentrale Fortsetzung der Silvretta und ist geologisch etwa gleich aufgebaut wie diese. Höchste Gipfel sind Kuchenspitze (3170 m), Hoher Riffler (3168 m), Küchelspitze (3144 m) und Patteriol (3059 m), die alle noch auf Tiroler Boden liegen.

Im Vorarlberger Verwall gibt es nur geringe Vergletscherungen, so daß reizvolle, meist ungefährliche Wandermöglichkeiten vorhanden sind. Besonders lohnende Aussichtsberge, die ohne Schwierigkeit erstiegen werden können (von West nach Ost): Itonskopf (2081 m), Kreuzjoch (2350 m), Zamangspitze (2390 m), Scheimersch (2420 m), Roßberg (2326 m). Nicht sehr schwierige Kletterberge: Hochjoch (2522 m), Madererspitze (2771 m), Schrotenkopf (2889 m), Pflunspitzen (2916 m) und Eisentaler Spitze (2757 m).

Im ganzen Verwall gibt es sieben Alpenvereinshütten, drei im Vorarlberger Teil: Wormser Hütte bei Schruns, Heilbronner Hütte bei Partenen und die Reutlinger Hütte (Selbstversorgerhütte) auf der Wildebene bei den Pflunspitzen. Viele Seen, einsame Hochkare. Die Pflunspitzen bilden das schönste Urgesteinklettergebiet des ganzen Landes.

Auf die Namensgeschichte wage ich hier nicht näher einzugehen; in den fünfziger Jahren hat es unter Namensforschern harte Diskussionen gegeben. In Tirol und in den Alpenvereinsschriften gibt es nur ein *Ferwall*. Aber Tirol ist halt nicht Vorarlberg. Und in Vorarlberg wurde schon *Verwall* geschrieben, als es noch gar keinen Alpenverein gab.

Von allen Verwallgebieten liebe ich am meisten die Wildebene, ein kleines Paradies. Die Schönheit eines echten Paradieses vermag kein Mensch zu beschreiben. Und die Wildebene im hintersten Winkel des Silbertales ist ein echtes Paradies. Schon der Weg durchs Silbertal, »das Tal der silbernen Wasser«, wie es Hermine Flaig in ihrem Montafon-Führer beschreibt, ist eine echte Offenbarung landschaftlicher Schönheit. Aber der Weg in das Paradies ist, wie immer, ein weiter: Vom Dorf Silbertal durch das Silber- und Gaflunatal brauchen wir fünf Stunden. Diese fünf Stunden sind der Grund, daß wir oben im Paradies meistens allein sind.

Wildebene, wahrlich eine wilde Landschaft. Mit spärlichen Weidematten, von imposanten Gneisblöcken durchsetzt, dazwischen herrlich grüne Moosflächen und ein See, auf dem sich die dunklen Westwände der Pflunspitzen spiegeln. Und über allem liegt eine Ruhe, in der du den Atem der Erde zu hören glaubst. Der Wind streicht übers Joch und trägt alle deine Gedanken an den Alltag davon, weit weg, und du beginnst langsam zu begreifen, wie ein Paradies aussieht.

Schon als zehnjähriger Bub war ich hier, allein, um an der Eisentaler Spitze endlich mal einen Gletscher zu betreten. Im Spätsommer 1951 war ich wieder einige Tage da. Mit meinem Zürcher Freund Ueli Wyss und dem Bludenzer Kaminkehrer Franz Filgertshofer. Fünf herrliche Erstbegehungen an den Westabstürzen der Pflunspitzen fielen uns da in den Schoß; hübsche 350 Meter-Routen mit allerbestem Fels im Schwierigkeitsgrad zwischen III und V. Vier Erstbegehungen glückten mit Franz Filgertshofer, der in seiner schwarzen Kaminkehrerkluft und in Schlappen eigentlich zur Hütte kam, um Herd, Ofen und Schornstein zu kehren – damals war die Reutlinger Hütte noch eine bewirtschaftete Alpenvereinshütte, 1952 abgebrannt und durch eine Selbstversorgerhütte ersetzt. Aber in den zwei Tagen, die er da war, fielen vier Erstbegehungen – barfuß, weil er in den Kaminkehrerschlappen nicht

Der Piz Buin (3312 m) ist der höchste Berg Vorarlbergs und in der Silvretta eines der beliebtesten Ziele. Hier der Blick von Süden aus dem Val Tuoi, einem Seitental des Engadin (Graubünden).

Mount Piz Buin (33/2 metres) is the highest mountain in Vorarlberg and is also the most popular mountain in Silvretta. Here a southerly view from the Tuoi Valley, one of Engadin's side valleys (the Grisons).

klettern konnte. Herd und Ofen rußten und rauchten dann weiter vor sich hin.

Dreißig Jahre später war ich wieder auf der Wildebene. Mit meiner Frau Traudl. Das Paradies war unverändert, und die Ruhe war auch noch da. Wir kletterten am Hauptgipfel der Pflunspitzen die Direkte Westwand. Im Führer heißt es in der von mir gelieferten Beschreibung: »III bis IV, 1½ Stunden«. »Genau richtig für uns ältere Herrschaften«, hatte ich Traudl die Tour schmackhaft gemacht. Aber in der Wand gab es dann bald Ärger. Wir erwischten mehrere Stellen des V. Schwierigkeitsgrades und kamen nach fünfeinhalb Stunden ziemlich abgekämpft auf den Gipfel – und ich auch noch fassungslos, weil ich nicht mehr wußte, wie und wo wir damals in eineinhalb Stunden die Wand durchklettert hatten. – Aber in einem echten Paradies muß es auch Unbegreifliches und Geheimnisvolles geben.

Die schönsten Wanderrouten

Die großräumigen Verwall-Durchquerungen sind Wanderrouten für erfahrene und ausdauernde Geher. Das muß man sagen, weil es relativ wenig Schutzhütten gibt. Aber wer acht bis neun Gehstunden am Tag schafft, wird im Verwall glückliche Wandertage erleben.

Wormser Höhenweg: Durchquerung des südlichen Verwalls zwischen Montafon und Silbertal von der Wormser Hütte (15 Minuten vom Sennigrat-Sessellift, Schruns) über Kreuzjoch – Sportal – Grasjoch – Nördliches und Östliches Roßbergjoch – Madererjöchli – Valschavieler Jöchli – Gaschurner Winterjöchli – Scheidsee – Heilbronner Hütte; 6–8 Stunden, jedoch mit mehreren Abstiegsmöglichkeiten ins Tal.

Nordverwall: Von der Heilbronner Hütte kann die Wanderung nach Norden fortgesetzt werden, um auch den noch wilderen Nordteil des Verwalls zu durchmessen: 1. Tag Schönverwalltal – Silbertaler Winterjöchle – Emil-Roth-Weg – Pfluntal – Gafluna-Winterjöchle – Reutlinger Hütte (4½ Stunden, zugänglich nur mit AV-Schlüssel); als Gipfelbesteigung bietet sich die Eisentaler Spitze an (markierter Weg, 1½ Stunden) – Gaflunatal – Silbertal (2½ Stunden); 2. Silbertal-Dorf – Kristberg (Seilbahn) – Itonsalpe – Davennakopf – Bludenz (4–5 Stunden).

Klettern

Wirklich schöne Kletterrouten bis zum Schwierigkeitsgrad III gibt es im Vorarlberger Verwall nur eine: die Westwand des Pflunspitze-Hauptgipfels.

Karten/Führer: »Alpenpark Montafon« (wie oben), AVP »Ferwall-Gruppe« von Franz Malcher, Bergverlag R. Rother, München. Freytag-Berndt-Wanderkarte 1:50 000, Blatt 371 »Bludenz, Klostertal, Montafon« und 372 »Arlberggebiet, Paznaun, Verwallgruppe« sowie Blatt 37 (1:100 000) »Rätikon, Silvretta- und Verwallgruppe« (zur Übersicht mit Kurzführer).

Gipfel und Seen westlich des Arlbergs: Lechquellengebirge

Ein Bergland voll von Gegensätzen, und dennoch ein harmonisches Ganzes. Dichte Hochwälder, sanfte Alpmatten, tiefblaue Seen, behäbige Wiesenberge, wuchtige Felsklötze, furchterregend aussehende Kalkriffe – eine Landschaft, wie geschaffen für den Freund schöner Wanderungen.

Der Name »Lechquellengebirge« für die Berge zwischen Flexenpaß (Osten) und Großwalsertal (Westen), zwischen Hochtannbergpaß (Norden) und Klostertal (Süden) ist eine Neuschöpfung von Walther Flaig, der sich als Führer-Autor um diese Bergwelt verdient gemacht hat. Früher kannte man dieses ungewöhnlich reizvolle und noch nicht überlaufene Berggebiet als Klostertaler Gruppe der Lechtaler Alpen, denen die Berge westlich des Arlbergs in jeder Beziehung zuzuordnen sind. Mit Lechquellengebirge hat Flaig jedoch unbestritten die treffendste Bezeichnung geprägt. Das Ost-West-Rechteck dieser verträumten Bergwelt mißt fünfzehn mal dreißig Kilometer und gehört fast ganz zum Vorarlberger Landesbezirk Bludenz.

Weitere wichtige Talorte sind Dalaas und Wald (Klostertal), Lech und Zug (Arlberg), Schröcken (Bregenzerwald) und Sonntag (Großwalsertal).

Geologisch gehören die Lechquellenberge zu den Nördlichen Kalkalpen, wenn auch der Aufbau weit vielschichtiger und komplizierter ist als zum Beispiel der des Wetterstein- oder Kaisergebirges. Man findet hier Berge aus eisenfestem Kalk wie an der Roggalspitze oder am Schafberg, dann wieder Berge aus unglaublich brüchigem Kalkfels. Wer sich mit Klettern nicht anfreunden kann, wird als Hochgebirgswanderer vom Lechquellengebiet mit seinen romantisch gelegenen Seen und den oft bizarren Bergen mit ihren wenigen Minigletschern begeistert sein. Es gibt zwar nur fünf Bergsteigerhütten, aber sie reichen für Wanderer und Kletterer vollkommen aus, weil viele Unternehmungen direkt vom Tal aus gestartet werden können. Höchster Berg der Gruppe ist das mächtige Massiv der Roten Wand (2706 m) am Formarinsee ob Dalaas. Manche Bergnamen sind ungewöhnlich: Fensterlewand, Feuerstein, Misthaufen, Mehlsack oder Pfaffeneck.

Die Roggalspitze bei der Ravensburger Hütte über dem Spullersee mit herrlichem Fels, nur fünf Kilometer (Luftlinie) südwestlich von Lech am Arlberg, gehört zu meinen Lieblingsbergen. Über fünfzigmal weilte ich auf ihrem Gipfel. Eine herrlich geformte Berggestalt aus eisenfestem Rätischem Riffkalk mit klaren Linien inmitten einer lieblichen Landschaft. Die Kanten, Pfeiler, Grate und Plattenwände aus hellgrauem Kalk ragen 350 Meter direkt aus den Alpmatten auf! Der Name des Berges beweist, daß schon Rätoromanen in seinem Nahbereich Alpwirtschaft betrieben haben: rocca (= Fels) = Roggal.

Die Roggalspitze-Nordkante (III, zwei Stellen IV) wurde in den fünfziger Jahren als »schönste Kante der Alpen« bekannt. Heute ist der Kletterbetrieb dementsprechend. Aber Roggalkenner bringen es auch heute noch fertig, die Kante, obwohl sie überlaufen ist, als einsame Seilschaft zu begehen. Sie steigen erst dann ein, wenn alle anderen Kletterer bereits den Gipfel erreicht haben. Fast fünfzigmal schon konnte ich das Klettervergnügen an der Nordkante auskosten, bei Sonnenschein und Sturm, mit jungen Burschen und bergbegeisterten Opas, mit betagten Damen, reizenden Mädchen – und allein; zuletzt 1983 mit einem meiner Söhne.

Mit Fritz Maschke schaute ich mir 1968 den Berg auch mal von der »hinteren Seite« an. Und schon glückten uns an zwei aufeinanderfolgenden Wochenenden vier hübsche Neuanstiege: der direkte Südostgrat (III), die direkte Südrippe (III bis IV), der direkte Südwestgrat (IV) und die direkte Westwand (IV), die sich an klettertechnischer Schönheit ohne weiteres mit der berühmten

Nordkante messen kann. Mit ein bißchen Phantasie bei der Planung kann man also auch an der vielbesuchten Roggalspitze noch einsame Klettertage erleben!

Wandern

Man kann das ganze Gebiet, von Bludenz über die Freiburger und Ravensburger Hütte bis Zürs oder Lech oder von Ost nach West in umgekehrter Reihenfolge in einem Zuge durchwandern (drei bis vier Tage). Oder, und das ist zweifellos schöner, man widmet ihm zwei durchaus angemessene Wochen, um wenigstens die wichtigsten Gipfel »mitnehmen« zu können. Da ist im Bereich der Freiburger Hütte die Rote Wand; ein sehr gut angelegter und markierter Alpenvereinsweg führt bis zum Gipfel – natürlich sollte man schwindelfrei und trittsicher sein. Ähnlich ist es auch mit dem Roggelskopf (2284 m), der das mittlere Klostertal beherrscht. Besonders reizvoll ist die versteckte Saladinaspitze (2238 m), ebenfalls auf einem guten Weg erreichbar. Bei der Ravensburger Hütte ist die Gipfelernte etwas spärlicher für den Wanderer. Da ist der sehr beliebte Spuller-Schafberg (2679 m) mit seiner reichen Flora.

Die schönen Kletterrouten bis III

Roggalspitze-Südrippe: Ravensburger Hütte (45 Minuten vom Spullersee-Parkplatz) – Einstieg (1 Stunde) – Südrippe (II–III, 2 Stunden) – Abstieg Normalroute (I, 1 Stunde bis Hütte); sehr lohnend, selten andere Kletterer.

Plattnitzerjochspitze-Ostgrat: Spullersee-Parkplatz – Einstieg (1 Stunde) – Ostgrat (II, 3 Stellen III, 2 Stunden) – Abstieg (Weg, 1 Stunde); landschaftlich reizvoll, sehr guter Fels.

Fensterlewand: Freiburger Hütte (30 Minuten vom Formarinsee-Parkplatz) – Klettersteig Westflanke (1½–2 Stunden von der Hütte) – Abstieg (Weg, 30 Minuten); klettertechnisch schöner ist der Südgrat (II, 1½–2 Stunden von der Hütte).

Rote-Wand-Südwand: Freiburger Hütte – Einstieg (1½ Stunden) – Südwand (II, 2 Stunden) – Abstieg auf AV-Steig (2 Stunden).

Roggspitze-Südpfeiler: Zürs – Pazieltal – Einstieg (2 Stunden) – Südpfeiler (III, 2 Stunden) – Abstieg über Nordwestflanke (I, Steigspuren, 2 Stunden bis Zürs); die Roggspitze (auch Rockspitze) gehört zwar schon zu den Lechtaler Alpen, ist aber Grenzberg zwischen Vorarlberg – Tirol, und der Südpfeiler bietet eine der schönsten Kletterrouten dieser Schwierigkeit der ganzen Nördlichen Kalkalpen.

Führer/Karten: AVF »Lechquellengebirge« mit farbiger Karte 1:50 000 von Walther Flaig, Für Roggspitze AVF »Lechtaler Alpen« von Heinz Groth, beide Bergverlag R. Rother, München; Karten gleich wie unter Verwall.

Die große Alpenreise vom Mont Ventoux zum Großglockner

»Da schreibst du seit nun bald dreißig Jahren über Berge und Bergsteiger, und dabei kennen wir viele Alpengebiete überhaupt nicht«, sagte Traudl, meine Frau, »vor allem ich nicht«, fügte sie noch vorwurfsvoll hinzu. Wie recht sie hat, dachte ich, und du darfst es gar nicht laut sagen, wo du überall noch nicht warst. Zum Beispiel auf dem Großglockner – nicht einmal *am* Großglockner. Weil ich mich vor dem Rummel dort immer gefürchtet hatte.

Die Idee zu einer großen Alpenreise hatte Wurzeln geschlagen. Also fuhren wir vor einigen Jahren los. Mit »Hannibal«, wie unser zehn Jahre alter VW-Campingbus hieß (inzwischen gibt es den »Hannibal II«). »Eine Schande, daß du die wunderbare Provence nur als Kajakfahrer kennst«, sagte Traudl kurz nach Aix-en-Provence, als wir den Unterlauf der Durance passierten. Ich erklärte ihr, daß wir die Provence auch noch im hohen Alter erwandern könnten und daß unser Ziel, der Mont Ventoux, zum Department Vaucluse und zu den Drôme-Alpen gehöre und daß ich auch als Wildwasserfahrer noch nie dort gewesen sei. Da hatte ich wieder eine saubere Weste.

Endlich waren wir dann in Malaucène, dem kleinen Städtchen am Westfuß des Mont Ventoux. In einem Straßencafé lasen wir den Bericht von Francesco Petrarca über seine Mont-Ventoux-Besteigung 1336, die in Malaucène begonnen worden war. Dann schnurrte »Hannibal« auf dem kurvenreichen Asphalt bergan. Es herrschte nicht viel Betrieb, denn es war kalt und windig. Die 27 Kilometer lange Straße überwindet bis zum Gipfel rund 1500 Höhenmeter. Von einer westlich vorgelagerten Kuppe aus zeigte sich der Ventoux als breite Pyramide, vollkommen frei aufragend und die ganze Landschaft beherrschend. Das Interesse, diesen mächtigen Aussichtsbalkon zu besteigen, ist einleuchtend. Aber auf dem Gipfel sahen wir buchstäblich nichts. Nebel und starker Wind erzeugten eine gespenstische Stimmung. Ab und zu tauchte schemenhaft aus dem Nebel der Riesenklotz von Observatorium auf, an dessen Kanten der Wind pfiff und brüllte.

Die obersten dreihundert Meter des Berges bestehen aus steiler Steinwüste, die Francesco und Girardo Petrarca mit der damaligen Schuhausrüstung ziemlich zugesetzt haben dürfte. Aber es war auf dem Gipfel weit und breit kein Hinweis auf Petrarca zu finden. Es gibt nur eine Erinnerungstafel für einen Radfahrer aus Orange, der in den dreißiger Jahren den Mont Ventoux radelnd »bezwungen« hat. Traudl war wütend darüber. »Aber der Mann aus Orange hat auch keinen so schönen Bericht hinterlassen«, tröstete ich sie.

Nebel und Wind ließen uns leicht vergessen, daß der Mont Ventoux heute beherrscht wird von Asphalt, Beton und militärischen Einrichtungen, schamhaft vom Nebel verhüllt. Wir lasen nochmals die wichtigsten Stellen in Petrarcas Bericht. Nachdem die beiden nach einigen Irrwegen und vielen

Mühen das Ziel ihrer Wünsche erreicht hatten, ging Francesco Petrarca erst einmal in sich, um philosophische Betrachtungen anzustellen und dann das Sichtbare wahrzunehmen:

»... die Sonne neigte sich, der Schatten des Berges wuchs mächtig und gemahnte mich gleichsam, aufzuwachen. Da wandte ich mich rückwärts und schaute nach Westen.

Jener Grenzwall zwischen Frankreich und Spanien, die Gipfel der Pyrenäen, werden von dort aus nicht gesehen – nicht als ob ein fremder Gegenstand dazwischen stünde, sondern nur wegen der Unzulänglichkeit des menschlichen Auges.

Zur Rechten aber waren die Berge der lyonischen Provinz, zur Linken der Meerbusen und die etliche Tagereisen entfernten Gewässer von Aigues-Mortes aufs deutlichste sichtbar; die Rhone selbst strömte träge vor unsern Augen.

Wie ich nun dies im einzelnen bewunderte und bald mich nach irdischen Dingen erkundigte, bald nach Vorbild des Leibes auch den Geist in höhere Sphären versetzen wollte, kam mir zu Sinn, daß Buch der Bekenntnisse des Augustinus ...«

Darin wurde dann lang vorgelesen. Und auch während des Abstiegs entwickelte Petrarca hohe Gedanken:

»Wie oft, meinst Du, hab' ich an jenem Tage talabwärts steigend und rückwärts gewendet den Gipfel des Berges betrachtet ... Wenn es uns nicht verdrießt, so viel Schweiß und Mühsal zu ertragen, um den Körper dem Himmel ein weniges näher zu bringen: welches Kreuz, welch Gefängnis, welcher Stachel darf eine Seele schrecken, die sich Gott nähern will!

... Unter solchen Erregungen des Herzens kam ich ohne ein Gefühl des steinigen Fußpfades wieder bei jener gastlichen Hütte des Hirten an; vor Tagesanbruch waren wir von dort aufgebrochen, in tiefer Nacht kehrten wir zurück, der Mond spendete uns seinen dankenswerten Schein auf den Marsch.«

Dann verließen auch wir den Windberg.

»Und warum gilt Petrarca als ›Vater des Alpinismus‹«, wollte Traudl während der Talfahrt noch wissen.

»Er war der erste, der über seine Bergbesteigung etwas geschrieben hat«, versuchte ich zu erklären – es folgte ein langes, streckenweise auch heiteres Gespräch.

Am Abend hatten wir mit »Hannibal« in dem tiefen Tal am Ventoux-Nordfuß bei Mollans-sur-Ouvèze unser Camp aufgeschlagen. Direkt neben einem tiefen Bachgraben mit einem herrlichen Naturfelsbadebecken. In der Nacht wurde uns einmal mehr bewußt, warum der Berg Windberg (= Ventoux) heißt. Was wir hörten, war das Brüllen und Toben eines mittleren Orkans, begleitet von Blitz, Donner und wolkenbruchartigem Regen.

Bis zum Morgen hatte sich das glasklare Rinnsal im Bachgraben in einen reißenden, furchterregenden Wildbach verwandelt, der bereits über die Ufer zu springen drohte – der Mont Ventoux hatte uns in die Flucht geschlagen, und es war keine Minute zu früh.

Nach ein paar Kilometern sagte Traudl: »Gell, da kommen wir wieder her, wenn der Lavendel blüht – hier gefällt's mir.« Also wird uns der Mont Ventoux sicherlich über kurz oder lang wiedersehen – hoffentlich ist er dann etwas freundlicher.

Die kegelartig geformten Berge der Drôme-Alpen, die sich oft in langen Ketten fortsetzen, mit ihren dunklen Waldflanken und tiefen Tälern, in deren winzigen Dörfern die Zeit seit Jahrzehnten stillzustehen scheint – diese Landschaft war für mich eine echte Offenbarung. Für den Bergwanderer, der auch noch Interesse hat am Kulturgut des Alpenraumes, sind die Drôme-Alpen eine Landschaft von ungewöhnlichem Reiz, wie es ihn nirgendwo in den Alpen in dieser Komposition gibt.

Tage später war Meinhard von Ow aus Lörrach zu uns gestoßen. Meinhard ist der typische Allroundbergsteiger, der steiles Eis genauso beherrscht wie den VII. Schwierigkeitsgrad, aber auch gern wandert oder bei schönstem Kletterwetter auch mal gern faulenzt. Knapp sechzig Kilometer südlich von Grenoble hatten wir bei St. Michel les Portes die Nationalstraße 75 nach Westen

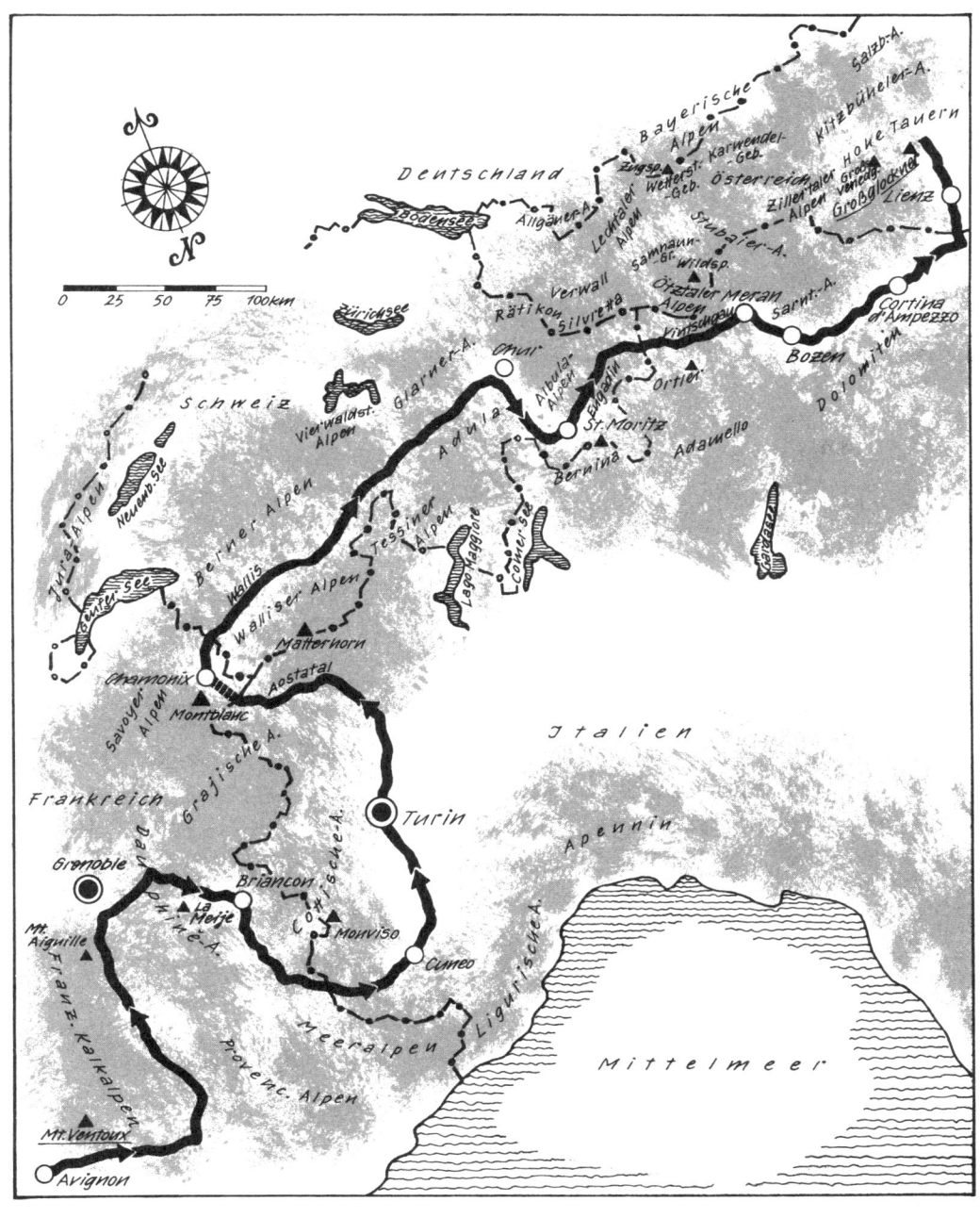

29

verlassen. Wenig später war »Hannibal« auf dem Col du Papavet zur Ruhe gekommen. Gleich neben der unbefestigten Straße, auf der täglich vielleicht ein Auto zu sehen ist, war unser Lager.

Der Col du Papavet gehört ohne Zweifel zu den schönsten Plätzen, die unsere Alpen zu bieten haben. Unweit von ihm ragt im Süden das unglaubliche Felsriff des Mont Aiguille wie ein gewaltiger Schiffsbug in den Himmel.

»Das mußt du als Bergsteiger gesehen haben«, sagte Meinhard spontan.

Traudl und ich waren mit »Hannibal« schon vor Jahren einmal hier gewesen. Weil es einen als Bergsteiger immer wieder hinzieht zu diesem Berg, der im südlichen Vercorsgebiet zur Gruppe der Rochers du Parquet gehört und die Wiege des Kletterns ist: Der Söldnerführer Antoine de Ville bezwang den Berg, begleitet von dem Kammerherrn Julien de Beaupré und sieben weiteren Mannen, 1492 – vor nunmehr also fast fünfhundert Jahren – über die etwa zweihundert Meter hohe Westwand im Auftrag König Karls VIII. von Frankreich. Antoine de Ville kletterte richtig, mit Hilfe von Seilen, Leitern und Bohrhaken. Auf dem Gipfel berichtete er seinem König: »Es ist der fürchterlichste und grauenerregendste Weg, den ich oder ein Mitglied unserer Gesellschaft je beschritten. Wir mußten eine halbe Meile auf Leitern aufwärts klettern, dann noch eine Meile weiter, aber der Gipfel ist der herrlichste Ort, den man sich denken kann. Um Ihnen ein anschauliches Bild des Berges zu geben, will ich bemerken, daß die Gipfelfläche einen Umfang von fast einer Meile hat, der Länge nach eine Viertelmeile und einen Bogenschuß der Breite nach mißt und aus einem wunderbaren Almboden besteht. Wir trafen hier auf ein stattliches Gemsrudel, das von hier nie wegkommen kann, mit Kitzen vom heurigen Wurf. Dies schreibe ich am 28. Juni am Aiguille. Jetzt bin ich schon drei Tage hier oben, mit mehr als zehn anderen Leuten und einem königlichen Leiterträger, und will nicht eher absteigen, als ich Bescheid von Ihnen erhalte, damit Sie, falls Sie es wünschen, Leute ausschicken können, die unsere Anwesenheit auf dem Gipfel bestätigen.«

Ive Levy, der Bote des Königs, der ausgeschickt worden war, die Richtigkeit der Siegesbotschaft zu prüfen, vermerkte nach seiner Rückkehr: »Allein bloß der Anblick vermag jeden in Schrecken zu versetzen.«

Die heutige »voie normale« ist zwar mit Drahtseilen gesichert und nur noch »mäßig schwierig« (II), aber sie ist auch nicht mit dem Anstieg der Erstbesteiger identisch; sie benützten im unteren Wandteil die unvergleichlich schwierigere Schlucht rechts (südlich) von der Normalroute.

Wir verbrachten drei Tage am Mont Aiguille, um ihn von allen Seiten bewundern zu können. Und die Direkte Westwand (V) wurde für Meinhard und mich die Krönung dieser vergnügten Tage. Und daß das Gipfelplateau groß genug wäre für ein kleines Dorf, sahen wir dann auch, nur Gemsen gibt es heute keine mehr auf dem Mont Aiguille. Warum aber König Karl VIII. auf die Idee gekommen war, diesen Berg besteigen zu lassen, haben wir nie in Erfahrung gebracht. Vielleicht, weil er schon damals zu den »Sieben Wundern des Dauphiné« gezählt wurde?

Man braucht aber nicht unbedingt nur wegen einer Mont-Aiguille-Besteigung ins Vercors zu reisen – die Besteigung selbst hat zweitrangige Bedeutung. Aber im Schatten dieses unglaublichen Felsklotzes zu wandern, um von der eigenwilligen Fels-Hügel-Landschaft einen Gesamteindruck zu bekommen, bringt jedem Naturfreund starke Erlebnisse. Das Vercors ist immer eine Reise wert.

Der Spullersee im Lechquellengebirge mit der Plattnitzerjochspitze, deren Ostgrat (links, II–III) eine sehr lohnende Kletterei bietet. Wanderer finden im Spullersee-Gebiet eine Reihe schöner Möglichkeiten.

A view of Lake Spuller in the mountains where the river Lech has it's origin. Here with the Plattnitzerjochspitze whose eastern ridge (on the left, II–III) is very suitable for climbing. Ramblers can find a whole host of lovely possibilities in the area around Lake Spuller.

Nächste Seite:
Abendstimmung an den Aiguilles von Chamonix in der Montblancgruppe mit (von links) Aiguille de la République, Charmoz, de Blaitière und du Plan, Ausblick von Planpra, Mittelstation der Brévant-Seilbahn. Für eine solche Stimmung muß man einen 1000-Meter-Nachtabstieg nach Chamonix in Kauf nehmen.

Following page:
Evening on Mount Aiguilles of Chamonix in the Montblanc group with (from the left) Aiguille de la République, Charmoz, de Blaitière and du Plan, view from Planpra, the half-way point along the cable railway. In order to experience such an atmosphere one has to reckon with the 1000 metre descent to Chamonix at night.

Vom Vercors war es nicht mehr weit ins eigentliche Herz der Dauphiné-Alpen. Der große Salzburger Bergpionier Ludwig Purtscheller (1849–1900) hat irgendwo einmal geschrieben: Wer die Dauphiné nicht kenne, habe die Alpen nicht gesehen. Und nachdem der Engländer Edward Whymper ein Jahr vor seiner Matterhorn-Erstbesteigung (1865) im Dauphiné war und die Meije gesehen hatte, schrieb er: »Die Meije zu beschreiben werde ich nicht versuchen . . . Sie ist der einzige und letzte Alpengipfel, der nie den Fuß eines Menschen gekannt hat, und ihre zackigen Grate, ihre wie erstarrte Ströme gestalteten Gletscher und ihre fürchterlichen Abgründe sind von solcher Art, daß man bei ihrer Beschreibung nicht übertreiben kann . . . Ich will also von diesen Dingen schweigen, weil sie sich nicht in Sprache übersetzen lassen.«

Das hatte ich als junger Bergsteiger gelesen. Aber die Meije war damals ein so weit entfernter Berg wie heute vielleicht der Mount Everest. Nach dem Walkerpfeiler an den Grandes Jorasses (1952) wollte Ueli Wyss, mein Freund, schnurstracks zur Eigerwand. Mich aber interessierte die Meije mehr. Ueli war dann auch bald meinen Überredungen erlegen. Und Tage später, nach der Direkten Südwand auf dem Gipfel des Grand Pic de la Meije, sagte Ueli: »Das war heute einer meiner schönsten Bergtage.«

Ich weiß nicht, wie oft ich Traudl von der Meije erzählt hatte. Vom Mont Aiguille waren wir in drei Stunden in La Bérarde, diesem liebenswerten Bergsteigernest im obersten Val Vénéon. Auf der Anfahrt hatte ich ein wenig Angst, ein ganz anderes La Bérarde anzutreffen. Aber es hat sich kaum verändert, höchstens fünfzehn Häuschen neueren Datums waren zu sehen. Der herrliche Campingplatz am rauschenden Vénéon war auch noch da – und seine Benützung kostet nach wie vor keinen Centime.

Die Meije (3983 m) gilt als »Berg der Franzosen« und wurde – nach 28 Versuchen (!) – am 16. August 1877 durch die Franzosen E. Boileau de Castelnau mit Pierre Gaspard Vater und Sohn erstmals von Süden erstiegen. Drei Jahre zuvor (1874) war der Club Alpin Français gegründet worden – die Meije wurde zum Erfolgssymbol des französischen Alpinismus, weil bis dahin fast nur englische Erstbesteigungen bekanntgeworden sind.

Aber die Meije ist wie eine verborgene Schönheit, die von La Bérarde aus nicht zu sehen ist. Erst nach etwa einer Stunde, vom Eingang ins Val des Etançons, zeigt sie sich, dann aber in ihrer vollen Schönheit mit der imposanten Südwand. Sie war schon 1885 (!) das Ziel der Österreicher Ludwig Purtscheller, Otto und Emil Zsigmondy mit dem Leipziger Karl Schulz. Und sie wurde Emil Zsigmondy zum Verhängnis: Absturz, Seilriß.

Bei Meinhard und mir verlief alles viel weniger dramatisch. Aber auch ohne Erfolg. Die Direkte Südwand hat einen etwa dreihundert Meter hohen Vorbau (III–IV). Die Beschreibung ist so miserabel, daß wir erst gegen Mittag den Beginn der eigentlichen Schwierigkeiten fanden. Und auf ein Biwak waren wir – Anfang September, die Nächte sind schon lang und kalt – absolut nicht scharf. Wieder unten in der Châtelleret-Hütte, wo Traudl auf uns wartete, waren wir gar nicht sonderlich traurig. Weil wir jetzt einen Grund mehr haben, wieder zur Meije zu kommen. »Das ist doch auch was«, sagte Meinhard, der uns dann bald verlassen mußte.

Zuvor aber wechselten wir von La Bérarde nach La Grave auf der Meije-Nordseite im Tal der Romanche. Ein schmales Fahrsträßchen brachte uns nördlich von La Grave nach Chazelet, einem winzigen Hangdorf genau ge-

Der imposante Obelisk des Mont Aiguille im Vercors (südlich von Grenoble) ragt beherrschend über der Hügellandschaft auf und gilt als »Wiege des Kletterns«, da er bereits 1492 bestiegen wurde.

The impressive obeliskshaped Mont Aiguille in Vercors (South of Grenoble) looms imposingly above the hilly countryside and is known as "the cradle of mountaineering" since people have been climbing it since 1492.

genüber der mächtigen und wilden Meije-Nordflanke mit ihren zerrissenen Gletschern. Der Abend in Chazelet und die Meije im letzten Abendlicht hinterließen in uns Eindrücke von einer fast überirdischen Welt. Traudl und ich waren uns einig, wieder in die Dauphiné zu reisen, aber ohne Kletterziele, um auf Wanderungen möglichst viel von dieser großartigen Hochgebirgswelt mitzubekommen.

Von der Dauphiné brachte uns »Hannibal« über den Col de Larche nach Cuneo und Saluzzo im Piemont. Es regnete in Strömen, und Traudl wollte bei dem Hundewetter von Bergen nichts mehr wissen. Aber mit meinem Dickschädel landeten wir dann abends doch noch in Grissolo, dem Ausgangsort für den Monviso (Monte Viso).

Der nächste Morgen war ein strahlender Tag. Der Monviso (3841 m), Hauptgipfel der Cottischen Galpen, wäre mit seiner leichten Normalroute ein Berg so richtig für die Traudl. Aber in der Nacht hatte er Neuschnee bekommen. Also begnügten wir uns mit einem Aufenthalt am Pian del Re, der wirklich ein königlicher Platz ist, nicht nur wegen des Po-Ursprungs. Kein Wunder auch, daß die italienischen Zweitbesteiger 1863 auf dem Gipfel des Monviso den Entschluß gefaßt hatten, den Club Alpino Italiano zu gründen. Der Monte Viso gilt als Wiege des italienischen Alpinismus – und die Cottischen Alpen sind ein Dorado für Bergsteiger jeden Könnens. Hier auch wurde uns bewußt, daß ein Menschenleben nicht ausreicht, um die gesamten Alpen kennenzulernen.

»Hannibal« schnurrte weiter in Richtung Montblanc, den wir zwei Tage später erreichten, nach einem kurzen Abstecher in den Gran-Paradiso-Nationalpark. Auf der Fahrt zum Montblanc hatte es lange Diskussionen gegeben: »Du mußt mit mir auf den Gipfel gehen«, hatte sich Traudl in den Kopf gesetzt. Aber ich weigerte mich, weil die Sommer-Normalroute über die Goûterhütte eine gnadenlose Quälerei ist, wie ich Traudl wieder einmal zu überzeugen suchte: »Im Frühling mit Ski jederzeit«, versprach ich ihr. Außerdem, sagte ich, hätte ich mich schon oft an den Montblancbergen herumgeschlagen, ohne sie in ihrer ganzen Schönheit und in Ruhe gesehen zu haben. Und Traudl war dann auch bald entzückt und begeistert über meine Montblanc-Tage.

Den Nachmittag verbrachten wir oben im urwelthaften Val Veni beim Miage-See, wo ich Traudl die Noire-Westwand, den Peutereygrat, den Frêneypfeiler und vieles mehr zeigen und erklären konnte. Am Abend waren wir im paradiesischen Val Ferret am Südfuß der Grandes Jorasses. Zwei Stunden nach Mitternacht waren wir schon wieder unterwegs. Im Schein der Stirnlampen suchten wir den Weg auf den Mont de la Saxe östlich von Entrèves. Da erlebten wir dann auch ein wahres Wunder von Sonnenaufgang – die riesige Brenvaflanke des Montblanc schien zu brennen. Dieses Naturschauspiel kannst du auf zehn Montblancbesteigungen nicht erleben, dachte ich.

Zum zweiten Frühstück thronten wir auf der Testa d'Arpi südlich von Courmayeur und tausend Meter über dem Aostatal – der schönste Platz auf der Montblanc-Südseite und einsam dazu. Am Spätnachmittag waren wir mit der vorletzten Zahnradbahn nach Montenvers gefahren. Bald waren wir dort oben, wo tagsüber unerträglicher Rummel herrscht, ganz allein. Die Dru-Westwand begann aufzuleuchten, weit hinten zeigten die Pfeiler der Grandes

Jorasses im letzten Licht ihre scharfen Konturen – da brauchst du kein unverbesserlicher Romantiker zu sein, um in einer solchen Stunde Begeisterung und großes Glück zu empfinden.

Den eineinhalbstündigen Stirnlampenabstieg nach Chamonix nahmen wir dafür gern in Kauf. »Hannibal« brachte uns dann an den Geheimplatz an der Arve, wo wir bis spät in die Nacht am Feuer saßen.

Der nächste Spätnachmittag sah uns auf Planpra, Mittelstation der Brévent-Seilbahn, tausend Meter über Chamonix und genau gegenüber der klassischen Montblanc-Nordflanke. Die letzten Touristengrüppchen drängelten bereits zur Talfahrt. Wenig später waren wir wieder ganz allein. Ein Abend gigantissimo: Während Chamonix nur noch aus Lichttupfen bestand, begann der Montblancgipfel fast zu brennen. »Du hattest recht«, sagte Traudl beim Stirnlampenabstieg, »das alles sollte man vor einer Gipfelbesteigung erlebt haben.« Auch mir ist das erst reichlich spät klar geworden.

Der »Rest« unserer Reise würde ein Buch füllen.

Auf der Fahrt nach Osten schnupperten wir noch ein wenig in den Urner Alpen, wo sich Traudl am hübschen Gletscherhorn-Südgrat begeisterte.

Im Engadin stieß Henry Paulus aus Boston zu uns. Henry ist gebürtiger Schwabe, den ich 1978 im Karakorum kennengelernt hatte. Henry kennt fast alle Gebirge der Erde. Nur in den Alpen war er noch nie, weil in Amerika die Vorstellung grassiert, die Alpen seien hoffnungslos überlaufen und für jeden Besucher nur noch ein Ärgernis. Es galt also, Henry Paulus das Gegenteil zu beweisen.

Ich zeigte ihm das Engadin auf Wegen, die nur für uns da zu sein schienen. Ähnlich war es in der Ortlergruppe, in den Dolomiten – und am Großglockner. Ja, auch am Großglockner, und das an einem schönen Augusttag.

Am Spätnachmittag starteten wir in Heiligenblut. Auf der Mautstraße brauste uns eine unüberschaubare Autokolonne entgegen. Ab Schöneck sahen wir immer weniger Fahrzeuge. Und als wir zur rummelberüchtigten Franz-Josefs-Höhe kamen, war der ganze Parkplatz leer. Der Sonnenball wanderte langsam hinter den Grat der Glocknerwand. Wir waren allein. Und die Kellner im Riesenrestaurant waren erstaunt, daß Leute bie ihnen zu Abend essen wollten – sie überschlugen sich, und die Salzburger Nockerln gab es hinterher gratis.

Die Nacht verbrachten wir etwas weiter unten auf einem Parkplatz im »Hannibal«. Zwei Stunden vor Sonnenaufgang spazierten wir auf dem breiten Gamsgrubenweg zum berühmten Wasserfallwinkel, wo wir die ungewöhnliche Glockner-Morgenstimmung ganz für uns allein hatten. Und als wir von der Franz-Josefs-Höhe wieder talwärts fuhren, kamen uns die ersten Autos entgegen.

Henry Paulus war einfach hingerissen von den Alpen, die er bald wieder besuchen wollte. Traudl und ich waren es einmal mehr. So wird es von nun an jedes Jahr eine große Alpenreise geben. Denn die Alpen sind das schönste, das faszinierendste Gebirge der Erde, und das Gebirge mit dem größten Freizeitwert.

Nochmals: Wer seine Liebe für die Berge entdeckt hat, sollte möglichst bald und viel durch die Alpen reisen – um nicht erst nach Jahrzehnten zu begreifen, wie groß und vielseitig und schön sie sind. Möglichkeiten für eine »große« Reise gibt es ungezählte.

Die Nacht am Berg

Vor Jahren versuchte ich einmal die Nächte zu zählen, die ich am Berg ver-brachte, fern der Hütte, biwakierend in unbequemster Stellung in steilen Wänden, oft genug im Eis. Aber ich brachte nicht mehr alle zusammen. Ganz sicher konnte ich mich nur an die Winterbiwaks erinnern; es waren 32, 14 allein am Eiger.

Über die Nacht am Berg wurden – zusammengerechnet – schon viele dicke Bücher geschrieben. Da liegst du auf steinigem Boden oder hockst auf einem kleinen Vorsprung deines Berges und starrst gegen den Nachthimmel hinauf, oft mit knurrendem Magen und ausgedörrter Kehle und meist frierend. Und du denkst an die vielen Biwakschilderungen in Büchern und Zeitschriften und in Vorträgen, denkst an die berühmte Biwakromantik, die es fast nie gibt. Und sehnst dich nach einem Bett oder nur nach einer Decke. Und da siehst du plötzlich, daß der eine Stern da oben hinter der Felskante ver-schwunden ist. Seit Jahrmillionen zieht er unentwegt seine Kreisbahn durchs All. Ein Bild, das fast jeder Bergsteiger kennt, eine Szene, die immer wieder fasziniert und zum Nachdenken anregt über Gott und die Welt. Auch wenn man sie nicht von einem harten Biwaklager aus bestaunt, sondern zum Beispiel vor der sicheren Hütte sitzend.

Aber nur wenige leisten sich die mühelose Fotofreude, die Nachthimmel-Szene festzuhalten – als ein Stück Berg und All, als Erinnerung an die Nacht am Berg. Und dabei ist das so einfach. Denn als Rüstzeug braucht man nur ein kleines Stativ und einen Drahtauslöser. Und, natürlich, einen attraktiven Berg mit schöner Silhouette. Aber der Berg muß sich genau im Norden be-finden. Möglichst senkrecht unter dem Polarstern. Weil alle Sterne um ihn ihre Kreisbahn ziehen. Den Polarstern zu finden, ist ein Kinderspiel: die fünf Mal nach rechts verlängerte hintere Achse des Großen Wagen bringt uns genau zu ihm.

Man kann aber schon – noch besser – am Tag das Motiv bestimmen und den Fotostandpunkt festlegen. Ganz einfach mit einem Kompaß. Dann brauchen wir nur noch einen klaren Himmel – ohne Mondlicht. Weil bei einer Belich-tungszeit von mindestens drei Stunden mit Mondlicht die Berge zu hell wer-den. Also: Blende 3,5, Drahtauslöser gedrückt und fixiert, vier oder fünf Stunden Schlaf in der Hütte, aufstehen, Drahtauslöser freimachen, fertig. So einfach ist das.

Mein Bild von der Nacht am Berg entstand vor der Châtelleret-Hütte in der Dauphiné und zeigt die Meije mit ihrer imposanten Südwand. Links befin-den sich Bergsteiger im Aufstieg, hinter dem Grat steht der Mond. Fünf Stunden belichtet. Ein paar Stunden später hatten Meinhard von Ow und ich unsere Rucksäcke geschultert, waren auf dem gleichen Weg unterwegs in Richtung Meije-Südwand.

Hoch vom Dachstein an

Mit einer Fläche von rund hundert Quadratkilometern, die über die Zweitausendmetergrenze hinaufreicht, ist das Hochplateau des Dachsteingebirges die gewaltigste Massenerhebung der Nördlichen Kalkalpen, beherrscht vom Hohen Dachstein (2996 m) mit seinen Gletschern im Norden und seinem achthundert Meter hohen Wandabbruch gegen die Ramsau im Süden. Der Gebirgsstock wird im Süden vom Ennstal mit Schladming und im Osten vom Grimmingbach begrenzt. Im Norden das Salzkammergut (Oberösterreich) mit seinem Seenreichtum, im Westen das immer noch wenig besuchte Tennengebirge im Salzburger Land, im Süden die Steiermark, wo rechts der Enns die waldreichen Schladminger Tauern aufragen. Das Dachsteingebirge bildet also eine Dreiländerecke.

Die Hauptmasse der Dachsteingruppe besteht aus weitgehend regelmäßig übereinanderliegenden Werfener Schichten, Hauptdolomit, Muschelkalk, Korallenkalk und Dachsteinkalk. Das Innere der Kalkmasse ist von alten Flußläufen durchhöhlt; in den berühmten Dachsteinhöhlen bei Obertraun kann dieses Phänomen auch von Touristen bewundert werden. Die Oberfläche der Dachsteingruppe schließlich zeigt die charakteristischen Merkmale der großen Kalkplateaugebirge: steile Wandabbrüche nach außen, runde Bukkel und Mulden, ausgedehnte Karrenfelder, in tieferen Lagen große Latschenbestände, am Fuße dunkle Wälder.

Die Vergletscherung des Dachsteingebirges ist die größte in den Nördlichen Kalkalpen: Hallstätter-, Großer Gosau- und Schladminger Gletscher sind die bedeutendsten der acht Eisfelder in unmittelbarer Nähe des Hohen Dachsteins; ihre Schmelzwasser versickern im Kalkboden und kommen erst tief unten in starken Quellen wieder an den Tag.

War der Nordrand des Dachsteins schon in der Hallstattzeit (ca. 800–500 v. Chr.) durch seinen Salzreichtum berühmt, so bringt seit Mitte der sechziger Jahre der »Eisengehalt« des Gebirges Wohlstand unter die Einheimischen: Lifte und Seilbahnen pendeln bis in Gipfelnähe des ehrwürdigen Hohen Dachsteins – was freilich nicht ausschließt, daß der Bergfreund immer noch stille Plätze, wenig begangene Wege und Routen findet. Und nicht alle der elf Schutzhütten sind ständig überfüllt. Darum ist das Dachsteingebirge immer eine Reise wert. Mich jedenfalls zieht es immer wieder an, seit über dreißig Jahren. Denn der Hohe Dachstein ist ein wahrer Idealberg, der praktisch für jede bergsteigerische Disziplin Möglichkeiten bietet. Nicht zufällig hat er schon sehr früh das bergsteigerische Interesse geweckt.

Bereits am 28. August 1810 hatte sich der bergsteigende Erzherzog Johann von Österreich auf das Hochplateau des Dachsteins gewagt. Und zwei Jahre später (1812) wollte Erzherzog Karl von Österreich, der Sieger von Aspern über Napoleon I., sogar den Dachsteingipfel besteigen. Aber erst nach mehreren Versuchen erzherzoglicher Berggänger, die »wohl versehen waren mit Seilen, Eishauen und Krampen«, erreichte Peter Gappmayer aus Filzmoos 1832 den Gipfel, vom Torstein aus, über den Westgrat – allein.

Am »Idealberg« finden heute Hochgebirgswanderer genauso ihr Glück wie Skifahrer oder Kletterer aller Schwierigkeitsgrade. Auf seiner Nordseite und nahe der imposanten Südwand verkehren zwar Bergbahnen, und die Normalroute ist mit Drahtseilen und Eisenstiften abgesichert, aber am eindrucksvollen Westgrat oder gar in der ernsten Südwand ist von der lauten Geschäftigkeit noch nicht viel zu spüren.

Dachstein-Südwand! Allein über die beiden Steiner-»Buam«, die 1909 (!) in der Südwand das Unmögliche möglich gemacht hatten, könnte man ein hinreißendes Buch schreiben. Über Georg (»Irg«) und Franz Steiner. Beide leben nicht mehr: Franz starb 1965 im 81. Lebensjahr als pensionierter Finanzbeamter, Irg 1972 im 88. als Bergführer a. D. und Lebenskünstler. Ich bin glücklich, Irg und Franz lange vor ihrem Abtreten im Gesäuse kennengelernt zu haben. Man muß es sich vorzustellen versuchen: 1909, als es noch keine Karabiner (Schnappringe) und so gut wie keine Seiltechnik gab! Irg und Franz hatten jeder zwei Meter lange »Alpenstangen« dabei.

Die Steiner-Route durch die riesige Südwand gehört auch heute noch zu den ganz großen und ernsten Unternehmungen. Und immer noch wird sie mit dem Schwierigkeitsgrad IV (»sehr schwierig«) bewertet.

Freilich gab es auch später noch Erfolge und Triumphe am Dachstein und in der Südwand zu verzeichnen, weitere Routen und Varianten, sogar eine »Direttissima« mit viel Eisengehalt, und vor allem die erste Winterbegehung der Steiner-Route 1940 durch Rudolf Peters und Gerald Leinweber in drei Tagen. Aber der »Steinerweg« setzte im Alpinismus einen echten Markstein.

Auch die heiteren Dachsteingeschichten würden ein dickes Buch füllen. Zu ihnen gehören die Reisebeschreibungen des Wiener Professors Josef August Schultes. Im September 1804 verbrachte dieser mit einigen Begleitern eine Nacht in einer Alphütte unterhalb des Dachsteingletschers: »Kaum waren wir eingeschlafen, als ungefähr in der zweyten Stunde nach Mitternacht ein rüstiger Bursche, ein Holzknecht, mit Steigeisen an den Beinen und einem mächtigen Griespeile (= Bergstock, Alpenstange) hereintrat, und durch die Gewalt seiner Tritte uns weckte. Wir stutzten anfangs über diesen Besuch, als wir aber gar bald sahen, daß er nicht uns, sondern unserer Hausjungfer galt, waren wir beruhigt, und wir wären wieder eingeschlafen, wenn nicht Szenen, die kein Dichter der alten Priapeinden . . . üppiger und derber malen kann, und die wir unglücklicherweise durch die offenstehenden Fugen unseres Verschlages sehen mußten, hätten ein Auge schließen lassen. Wenn ein Dichter nur solche Szenen erzählt, so eckeln sie mich an; wenn ein Wüstling mir davon spricht, so empört er mich; und hier konnte ich sie sehen, und der Kraft mich wundern, die noch in des Mannes Lenden ist . . .«

Irg Steiner hatte 28 oder 29 Sprößlinge, darunter drei eheliche – die Manneskraft am Dachstein!

Bleiben wir beim Dachstein-Bergsteigen. Der Hohe Dachstein ist zwar touristischer Mittelpunkt, dafür sorgt die Dachstein-Seilbahn, aber bergsteigerisch sind die Dachstein-Trabanten nicht weniger interessant, Torstein, Mitterspitz, Hochkesselkopf oder Koppenkarstein. Und der Gosaukamm, der Westteil des Dachsteingebirges, ist nochmals ein ganz anderes Stück Bergwelt. Hier dominieren mächtige, frei aufragende Felsgestalten, bizarre

Türme und Nadeln, die über Almwiesen thronen und sich in den Gosauseen spiegeln. Bischofsmütze, Großwand und Däumling, Mandlkogel, berühmte Kletterberge, in deren Schatten herrliche Wanderwege verlaufen.

Die schönsten Wanderrouten

Dachstein-Gosaukamm: Eine gefahrlose, dreitägige Wanderung, die uns vor allem die eindrucksvolle Südseite des Dachsteingebirges erleben läßt: 1. Tag: Dachsteinseilbahn-Talstation (Parkplatz, Busverkehr von Ramsau) – Dachsteinsüdwandhütte (1 Stunde) – Tor – Sulzenhals – Linzerweg – Hofpürglhütte (5 Stunden, gesamt 6 Stunden); 2. Tag: Steiglpaß – Scharwand-Hütte – Gablonzer Hütte (3½ Stunden); 3. Tag: Austriaweg – Theodor-Körner-Hütte – Filzmoos (3 Stunden).

Huhnerkogel-Guttenberghaus: Auf dieser vierstündigen Tagestour können wir den Hohen Dachstein »hautnah« erleben und sogar gefahrlos ein wenig Gletscherluft riechen: Huhnerkogel (Dachstein-Südwandbahn) – Gjaidsteinsattel (markierter Weg über Gletscher) – Feisterscharte – Guttenberghaus (2½ Stunden) – Anton-Baum-Weg – Ramsau-Ort (1½ Stunden).

Stoderzinken-Kufstein: Sehr schöne, fünfstündige Panorama-Wanderung, die den Ostteil des Dachstein-Hauptkammes erschließt: Steiner-Haus am Stoderzinken – Aussichtsberg Stoderzinken (40 Minuten) – Brünner Hütte (20 Minuten) – Kimpflingsattel – Grafenberg-Alm (1½ Stunden) – Kufsteinscharte – Aussichtsberg Kufstein (1 Stunde) – Storn-Alm – Weißenbach (2 Stunden, gesamt 5–6 Stunden).

Dachstein-Nordüberquerung: Eine sehr abwechslungsreiche Dreitagestour über verkarstetes Ödland zu den romantischen Gosauseen: 1. Tag: Gjadalm (Seilbahn von Obertraun am Hallstätter See) – Kreidgruben – Zirngrube – Taubenkar – Simony-Hütte (3½ Stunden); 2. Tag: Hallstätter Gletscher (nur bei günstigen Verhältnissen!) – Steinerscharte (Klettersteig, Trittsicherheit!) – Adamek-Hütte (3½ Stunden), Ungeübte benützen die unvergletscherte Route über Hoher-Trog-Sattel – Hoßwandscharte – Adamek-Hütte (5 Stunden); 3. Tag: Hinterer und Vorderer Gosausee (3 Stunden, Bus über Gosau zum Hallstätter See).

Die schönsten Kletterrouten bis III

Hoher-Dachstein-Normalanstiege: Nordostflanke (I, Klettersteig, 1½ Stunden vom Huhnerkogel, Seilbahn); Westgrat (II, Klettersteig, 2½ Stunden von der Adamek-Hütte, Zugang über Gletscher!).

Niederes-Dirndl-Nordwestanstieg (III−, 3 Stunden von Dachsteinsüdwandhütte).

Hochkesselkopf-Südverschneidung(III−) und *Westgrat* (III), 4 Stunden von der Hofpürglhütte.

Scharwandspitz-Südostwand (III+, 5 Stunden von Scharwandhütte).

Torstein-Windlegergrat (III+, 8–10 Stunden, Stützpunkt Bachl-Alm).

Führer/Karten: Für Wanderungen Kleiner Dachsteinführer, für Kletterer AVF Dachsteingebirge West und Ost (2 Bände), beide von Willi End, BV München (AVF mit farbiger Karte 1:50 000); Freytag-Berndt-Wanderkarte 1:50 000, Blatt 281 »Dachstein, Ausseerland, Filzmoos-Ramsau«.

Im Bannkreis des Watzmann

Königssee und Berchtesgaden sind das Zentrum der weitverzweigten Berchtesgadener Alpen, die den Mittelpunkt der Nördlichen Kalkalpen bilden. Wie ein riesiges Ei, dessen Verjüngung nach Norden zeigt, ist das Gebirge in die rund 600 Kilometer lange Kalkalpenkette am Nordrand der Ostalpen eingebettet. Auf einer Fläche von rund 120 Quadratkilometer ragen mächtige Gebirgsmassive auf, jedes mit eigenem Charakter: Untersberg im Norden, Lattengebirge, Reiteralpe im Nordwesten, Hochkaltergruppe im Westen, Watzmannstock im Zentrum, Göllgruppe und Hagengebirge im Osten, Steinernes Meer und Hochkönigsstock im Süden; die letzten drei Gruppen befinden sich auf österreichischer Seite (Land Salzburg).

Die Berchtesgadener Alpen – Hauptgipfel: Hochkönig (2941 m) – werden von ausgeprägten Tälern und Flüssen begrenzt: unweit des nördlichsten Gebirgsrandes liegt die Bischofstadt Salzburg, die Saalach bildet im Nordwesten und Westen die Grenze, im Süden und Osten die Salzach (Pinzgau und Pongau), obschon die Dientener Schieferberge zwischen Salzach und Hochkönig nicht mehr zu den Berchtesgadenern gehören.

Das Gebirge besteht vorwiegend aus Dachsteinkalk (untere Trias-Schichten), daneben finden sich auch ältere triadische Schichten sowie Lias- und Kreideformationen. »Eisenfesten« Kletterfels, wie ihn der Bergsteiger liebt, gibt es nicht im Übermaß; bester Fels findet sich an den Bergen der Reiteralpe und am Untersberg. Sogar einige kleine Gletscher sind vorhanden: die »Übergossene Alm« auf der Hochkönig-Nordflanke, Blaueisgletscher am Hochkalter und Watzmanngletscher.

Das ziemlich engmaschige Netz herrlicher Wanderwege, das die rund fünfzig Hütten verbindet, kann hier nur angedeutet werden. Wer aber von Kletterbergen nichts wissen will, findet in den Berchtesgadener Alpen schier unbegrenzte Möglichkeiten für Wanderungen jeder Länge und Schwierigkeit; ein Menschenleben reicht kaum aus, um alle Routen kennenzulernen.

Wer von Berchtesgaden und seinen Bergen hört, denkt vor allem an den Watzmann. Aber die Trabanten des Watzmann sind bergsteigerisch nicht weniger interessant. Zum Beispiel der Kalkriese über der Übergossenen Alm. Als man über Alpinismus noch nichts oder nicht viel wußte, hieß der Berg unter den Einheimischen in Dienten und Mühlbach, den Dörfern am Südfuß des gewaltigen Massivs, »Ewiges Schneegebirge«, »Hohe Wetterwand«, »Königsberg«. Heute kennt man nur noch den Hochkönig an der »Übergossenen Alm«. Die »Alm«-Fläche, von Schnee und Eis »übergossen«, ist nördlich der höchsten Hochköniggipfel Großer Bratschenkopf (2859 m), Hauptgipfel (2941 m), Hohe Köpfe (2875 m), Lammkopf (2844 m) und Hochseiler (2793 m) ausgebreitet. Sie ist fünfeinhalb Quadratkilometer groß und auch für weniger geübte Touristen eine weitgehend harmlose Sache.

Nachtstimmung über der Meije-Südwand in der Dauphiné. Die Sterne ziehen ihre Bahnen um den Polarstern, am Grat beginnt der Mond zu steigen, am Fuß des Berges sind Alpinisten unterwegs (unten links). Die Aufnahme wurde etwa 4½ Stunden belichtet.

Nighttime over the southern face of Mount Meije in Dauphiné. The stars trace their orbits around the polar star, the moon is beginning to rise at the ridge, at the foot of the mountain the alpinists are about to begin their climbing. This shot was given an exposure of about 4¹/₂ hours.

Nächste Seite:
Der Monviso (Monte Viso, 3841 m), Hauptgipfel der Cottischen Alpen, gilt als »Markstein des italienischen Alpinismus«; auf seinem Gipfel war 1863 die Gründung des Club Alpino Italiano beschlossen worden. An seinem Fuß befindet sich der Po-Ursprung.

*Following page:
Mount Monviso (Monte Viso, 3841 metres), highest peak of the Cotti Alps. It is known as the "Milestone of Italian alpinism"; it was at its summit in 1863 that the foundation of the Italian Alpine Club was finalized. At its foot the river Po has its origin.*

Höchster Gipfel der Berchtesgadener Alpen und eine der sieben höchsten Erhebungen in den Nördlichen Kalkalpen, ist auch der Hochkönig – wie der Dachstein – ein »Idealberg«. Ein echter Idealberg – es gibt übrigens gar nicht sehr viele in den Alpen – muß dem Hochgebirgsfreund einfach alles bieten: einen mehr oder weniger gefahrlosen Weg bis zum Gipfel; schwindelerregende, jedoch gesicherte Steige; großzügige Gratüberschreitungen sowie kurze, lange, leichte und schwierige Kletterrouten. Und natürlich Möglichkeiten für den Skitourenfahrer. Dazu schnell erreichbare Ausgangsorte und mehrere Hütten. Das alles gibt es am Hochkönig.

Trotz der idealen Voraussetzungen erfolgte seine Erstbesteigung erst relativ spät: am 5. September 1826 durch den Salzburger Peter Karl Thurwieser mit den beiden Offizieren von Joannelli und von Sax, unterstützt von zehn Trägern. Lange zuvor waren bedeutende Berge wie Schesaplana (Rätikon), Triglav (Julische Alpen) und Großglockner erstiegen worden.

Die Hochfläche der Übergossenen Alm kannten Jäger und Hirten freilich schon viel früher. Thurwieser fand mit seinen Begleitern auch prompt den leichtesten Zugang, wie ihn heute auf dem markierten Weg durchs Ochsenkar, an der schlanken Torsäule vorbei, Tausende benützen. Die genaue Höhe des Berges kannte man damals allerdings noch nicht. Der frühe Alpenerschließer und Alleingeher Valentin Stanig (1774–1847) schrieb in seinen »Excursionen«: »Es ist nicht Muthmaßung, sondern Gewißheit, daß dieses Gebirge bedeutend höher sei als der zu sehr gelobte Watzmann im Berchtolgadinischen.«

Das waren noch Zeiten! Nach Thurwiesers Erfolg blieb es am Hauptmassiv über ein halbes Jahrhundert ruhig. Bis zur ersten Winterbesteigung am 1. Januar 1881 durch Bruno Wagner von Freynsheim mit dem Führer Johann Grill, dem »Kederbacher«, und dessen Sohn. Es war eine Glanzleistung, eine der frühesten Winterunternehmungen.

Eine außergewöhnliche Tour vollbrachte ein Jahr danach – am 29. Januar 1882 – der Salzburger Turnlehrer Ludwig Purtscheller, einer der größen Alpinisten seiner Zeit, mit dem Jäger Schider: Die erste Winterüberschreitung vom Hochseiler, beginnend um 2.15 Uhr im Blühnbachtal (Norden), über den Hochkönig nach Bischofshofen, wo sie um 22 Uhr eintrafen, nach 33 Kilometern und über 2000 Metern Höhenunterschied im Auf- und Abstieg – ohne Ski. Für Ludwig Purtscheller, der die Alpen kannte wie kaum ein anderer, war die winterliche Hochkönigstour das längste und anstrengendste Unternehmen. Schließlich folgte 1898 die erste Skibesteigung durch den Wiener Heinrich Pfannl mit einigen Gefährten.

Wenn man vom Hochkönig spricht, dann meint man nicht allein das Hauptmassiv, sondern auch die Trabanten in unmittelbarer Nähe. Den Großen Bratschenkopf etwa mit seiner tausend Meter hohen Südwand. Oder die Torsäule oder die Manndlwand, die mit ihren achtzehn Türmen, Köpfen und Nadeln echten Dolomiten-Charakter aufweist. Bekannte Namen wie Hubert Peterka, Fritz Rigele und Erwin Schneider, um nur drei zu nennen, tauchen immer wieder in der Erschließungsgeschichte auf.

Am Hochkönig selbst haben die ganz jungen Einheimischen, allen voran Georg Bachler und Albert Precht, in der Südwand äußerst schwierige Routen eröffnet. Und die 2400-Meter-Skiabfahrt vom Matrashaus (1982 abgebrannt) auf dem Gipfel hinab durch den Höllgraben nach Werfen gehört zu den großartigsten Skiunternehmungen in den Ostalpen. Wahrlich, der Hochkönig ist ein königlicher Berg – den man auch künftig tunlichst von Seilbahnen verschonen sollte!

Großartigste Wochenendtour für erfahrene Hochgebirgswanderer ist die Hochkönig-Überschreitung von Süden nach Norden: Vom Dientensattel bei Mühlbach über Erich-Hütte und auf einem teils gesicherten Steig zum Matrashaus auf dem Gipfel, fünf bis sechs Stunden (die Hütte soll bis Oktober 1984 wieder aufgebaut sein). Nächtigung auf dem Gipfel. Am zweiten Tag über Herzogsteig und Bohlensteig zur Eckbert-Hütte und durchs außergewöhnlich schöne Blühnbachtal nach Tenneck bei Werfen an der Salzach, vier bis fünf Stunden. Empfehlenswert jedoch erst im Spätsommer, wenn es keine gefährlichen Altschneereste mehr gibt.

Auch der Hochkalter am Blaueisgletscher verdient das Interesse der Bergsteiger. Wenn oben der Hochkönig als »Idealberg« bezeichnet wurde, so trifft das auf den wilden, fast unnahbaren Hochkalter (2607 m) zwischen Wimbachtal und Hinterseer Tal ganz und gar nicht zu. Ob man ihn vom Hinteresse aus betrachtet, dieser bezaubernden Gegend, oder von Ilsank an der Ramsauer Ache, immer wirkt der Hochkalter eindrucksvoll, durch die Schluchten, Gräben und Kare sogar ein wenig beängstigend, geheimnisvoll. Und im Herbst, wenn seine steilen Mischwälder in allen Farben leuchten und die graublaue Felsmasse darüber von einem kaum sichtbaren Dunstschleier umgeben ist, scheint er vollends in eine andere Welt entrückt zu sein.

Der Hochkalter ist ein Berg für Könner. Neulinge haben auf seinen Graten, in seinen Flanken und Wänden nichts verloren. Vor einigen hundert Jahren hieß das Bergmassiv »Hochsteingebirge«, noch früher »Schneekalter«. Den »Hochkalter« findet man erstmals auf einer 1622 erschienenen Karte. Das Wort Kalter hat mit Kälte freilich nichts zu tun. Ein Kalter (oder G'halter) ist ganz einfach ein Behälter. Und weil sich auf dem Berg ein ganz ansehnlicher Gletscher halten kann, waren die Bezeichnungen Eisg'halter oder Schneekalter naheliegend.

Auf den Hochkalter-Gipfel führen keine bezeichneten Wege, sondern nur Kletterrouten; die leichteste wird mit dem Schwierigkeitsgrad I bis II bewertet. Am Berg selbst gibt es nur einen Stützpunkt: die Blaueishütte (1680 m), ein schlichter Steinbau mit prächtigem Ausblick zum einen Kilometer langen und etwa 250 Meter breiten Blaueisgletscher, der, teilweise sehr steil und von breiten Spalten durchrissen, als nördlichster Gletscher der Alpen bekannt ist. Über ihm der pyramidenartig aufgebaute Hochkalter. Nicht zufällig erfolgte die Erstbesteigung des Hochkalter nach der des Hochkönigs, nämlich erst 1830 durch den Salzburger Bischof Fürst Schwarzenberg mit den drei Ramsauern Gemminger, Tatz und Wein, von Nordwesten durch den Kaltergraben.

Die weitere Erschließung erregte in der alpinistischen Welt kein besonderes Aufsehen, denn keine Route übersteigt den Schwierigkeitsgrad V – aber was bedeuten hier schon Bewertungen? Wer auf den Hochkalter geht, will in erster Linie eine ungewöhnlich ursprüngliche, noch einigermaßen ruhige Felslandschaft erleben. Aber wehe, wenn das Wetter umschlägt, und man den Berg nicht gut kennt! Zwei sehr gute sächsische Elbsandsteinkletterer erlebten in den dreißiger Jahren am Hochkaltergipfel einen Wettersturz – und kannten den Berg nicht. Beim Abstieg gerieten sie in die Ostwand, die auf hundert Meter überhängt. Nebel. Einer seilte sich ab – bis zum Überhang und weiter, bis das Seil zu Ende war – bis zum Absturz, vierhundert Meter weiter unten. Der zweite Mann folgte. Bis ein Stück in den Überhang hinab. Da war kein Standplatz, kein Freund. Er pendelte an den Fels, schlug einen Haken, hängte sich daran an und wartete – bis zum bitteren Ende.

Der Hochkalter ist ein Berg für Könner. Ein Berg, der nicht viel Spaß erlaubt, nicht im Sommer und noch viel weniger im Winter. Vor rund neunzig Jahren brauchte man am Hochkalter-Massiv noch nicht einmal bis zur Eis-Fels-Region vorzudringen, um Gefahren ausgesetzt zu sein, denn die Hochwälder waren ein reiches, beliebtes Jagdrevier. Und die königlich-bayerischen Jagdorgane erwiesen sich oft als ziemlich rabiat.

Auch wenn Bergwanderer den Gipfel nicht erreichen können, ist ein Besuch der Blaueishütte immer eine lohnende Wanderung, von Hintersee oder Ramsau 2½ Stunden. Südöstlich der Hütte befindet sich die Schärtenspitze (2153 m), die auf einem gesicherten Steig in 1¼ Stunden bestiegen wird – ein sehr lohnender Aussichtsberg. Weniger schön ist, daß von der Blaueishütte auf dem gleichen Weg wieder ins Tal abgestiegen werden muß.

Kletterer schätzen am Hochkalter die sogenannte Blaueisumrahmung des Schwierigkeitsgrades III bis IV, für die eine Zweierseilschaft acht bis zehn Stunden braucht, die also eine stramme Tagestour ist.

Der Hohe Göll (2522 m) beherrscht mit dem Watzmann den großen Talkessel von Berchtesgaden. Der Berg war vor rund hundert Jahren noch als »Göhl« bekannt. Er ragt östlich des Königssee-Nordzipfels auf und bricht mit seiner fast fünfhundert Meter hohen Westwand in das Endstal ab; das Tal ist am Westwandfuß wirklich zu Ende. Die Erstbesteigung des gewaltigen Kalkmassivs glückte 1801 dem Alleingeher Valentin Stanig von Norden auf der heutigen Normalroute, dem »Salzburger Steig«, dessen Begehung Trittsicherheit erfordert. Vom Purtscheller-Haus ein Spaß von nur zweieinhalb Stunden. »Spaß« allerdings nur im Spätsommer, denn Altschneereste sind am Göll besonders gefährlich.

Der Hohe Göll ist in den Berchtesgadener Alpen *der* große Berg mit den meisten leichten Anstiegsmöglichkeiten. Insgesamt bietet er acht Routen der Schwierigkeitsgrade I bis III – das gibt es selten.

Mein eindrucksvollstes Göll-Erlebnis hatte ich nicht etwa auf irgendeiner Kletterroute, sondern im Sommer 1983 im Endstal. Traudl und ich hatten uns mit »Hannibal II« etwas ins Abseits gestellt für eine ruhige Spätnachmittagstunde. Da entlud sich an der Göll-Westwand über dem engen und tiefen Endstal, das ohnehin den Eindruck erweckt, als wäre es bis ins Erdinnere eingegraben, eines der berüchtigten Hochgewitter, wie sie der Bergsteiger in den Berchtesgadener Alpen besonders fürchtet, weil sie unerwartet und mit ungeheurer Heftigkeit aus dem hügeligen Voralpenland einbrechen. Blitz und Donner folgten unmittelbar aufeinander, eine halbe Stunde lang, und das Endstal war von urwelthaftem Lärm erfüllt, als würde die ganze Erde im nächsten Augenblick zerbersten. Und die ganze Göll-Westwand glich einem riesigen, tosenden Wasserfall – ein Inferno, ein unglaubliches Schauspiel, ein prickelndes, wenn man es von einem sicheren Platz aus beobachten kann . . .

Natürlich kann ich hier den Watzmann (2713 m) nicht unterschlagen, denn dieser markante Felskoloß ist einer der wenigen wirklich bedeutenden Berge im bayerischen Alpenraum.

Deutschlands Alpenanteil ist gewiß der kleinste aller fünf Alpenländer. Und dennoch läßt die Großartigkeit des nach der Sage zu Stein gewordenen bösen

»Königs Watzmann« nichts zu wünschen übrig. Wo auch immer man im Berchtesgadener Land stehen mag – fast überall beherrscht der gigantische Felsaufbau des Watzmann das Bild. Seine Ostwand, die zweitausend Meter hoch von dem romantisch gelegenen St. Bartholomä am Königssee aufragt, im Morgenlicht mit ihren Kalkplatten hell leuchtend, ist sogar die höchste Wand der Ostalpen.

Man muß versuchen, sich das vorzustellen: zwei Kilometer aufgetürmter Kalkfels! Und was Lokalpatrioten immer wieder gern ins Gespräch einflechten, ist die Tatsache, daß Deutschlands wirklich höchster Berg eigentlich der Watzmann sei, denn die Zugspitze ist ja »nur« ein Grenzberg, der Watzmann dagegen steht ganz auf bayerischem Gebiet.

Auch mit der berühmt-berüchtigten Eiger-Nordwand werden zuweilen Vergleiche aufgestellt: Erstens ist die Watzmann-Ostwand um zweihundert Meter höher, zweitens könne man bei etwas mehr als vierzig Toten in der Eiger-Wand noch lange nicht von einer »Mordwand« sprechen, nachdem die Watzmann-Wand bereits 84 (bis 1983) Opfer gefordert hat.

Tatsächlich ist die Watzmann-Ostwand eine der gefährlichsten Wände überhaupt. Aber nicht wegen der Schwierigkeiten oder natürlichen Gefahren, denen man in jeder Wand ausgesetzt ist, sondern hauptsächlich wegen des von den Bergsteigern selbst ausgelösten Steinschlags. An schönen Tagen, auch während der Woche, ist die Wand fast immer ›lebendig‹, sprich steinschlagbedroht.

Daß die Riesenwand schon 1881 bezwungen wurde, spricht für das Können des berühmten Ramsauer Führers Johann Grill-Kederbacher und seines Begleiters, des Wieners Otto Schück. Dabei benützte Grill nicht einmal die leichteste Routenmöglichkeit. Aber das entdeckte man erst ein halbes Jahrhundert später.

Erstes Opfer der Ostwand war 1890 der Berchtesgadener Führer Christian Schöllhorn, der die vierte Durchsteigung versuchte und von der heutigen »Schöllhornplatte« in die Randkluft stürzte. Den Berchtesgadener Führern war es sodann bis 1909 verboten, die Ostwand zu durchsteigen (also auch lange vor dem Eigerwand-Verbot!). Heute gibt es in der Bartholomä-Wand über ein Dutzend Routen und Varianten. Fast kurios ist die Tatsache, daß der leichteste und sicherste Anstieg, der »Berchtesgadener Weg« (II, einige Stellen III−) – erst 1949 entdeckt wurde.

Am Watzmann gibt es jedoch nicht nur die riesige Ostwand. Auf seinem Gipfelgrat sieht man am Wochenende ganze Scharen bergsteigerischer ›Normalverbraucher‹, denn der Weg ist markiert, mit Eisenklammern und Drahtseilen abgesichert. Für geübte, schwindelfreie und trittsichere Geher ist die Überschreitung aller drei Gipfel, ausgehend vom Watzmann-Haus, ein echter landschaftlicher Hochgenuß.

Doch auch wer sich mit imposanten Tiefblicken und ausgesetzten Felssteigen nicht anfreunden will, kann am Watzmann erlebnisreiche Stunden verbringen. Zum Beispiel mit dem Schiff nach St. Bartholomä, Wanderung über Trischübel nach Wimbachgries und durchs Wimbachtal hinaus nach Ramsau-Berchtesgaden – ein zünftiger Wandertag rund um den Watzmann ist das. Und wem auch das noch zu viel ist, der muß sich den Watzmann halt vom Liegestuhl aus gut einprägen. Denn ignorieren kann man seine alles überragende Gestalt nicht.

Hat der König Watzmann samt seinen Kindern das glitzernde Winterkleid übergezogen, dann ist es in seiner unmittelbaren Nähe wieder ziemlich ruhig – und die Watzmann-Seilbahn, für deren Bau 1968 bereits eine »Watzmann-bahn GmbH« gegründet worden war, wird es vermutlich nie geben, dank des Alpen-Nationalparks Königssee, den 1974 die Bayerische Staatsregierung abgesegnet hat.

Also bleibt der Watzmann weiterhin von der Technik verschont. Und die riesige Ostwand wird auch künftig Kletterer aus aller Welt in ihren Bann schlagen, denn viele – zu viele – Bergsteiger glauben, die Ostwand in ihrem Tourenbuch stehen haben zu müssen, um alles in der Welt.

Ich gehörte vor langer Zeit zu jenen Bergsteigern, die sich einredeten, die Watzmann-Ostwand nicht »gemacht« haben zu müssen. Den von Menschen verursachten Steinschlag fürchte und hasse ich wie den Leibhaftigen, weil er noch unberechenbarer ist als der natürliche. Aber mein Freund Hannes, ein hoher Geistlicher, der über mehr Gottvertrauen als alpinistische Erfahrung verfügt, wollte partout den Namen Watzmann-Ostwand auf seinem Touren-wunschzettel abhaken. Und ich Trottel willigte in einem unbedachten Augenblick ein unter der Bedingung, daß er in seiner Kirche eine Messe lese – für alle Fälle. Dann kam ich mir wochenlang vor wie das Orakel zu Delphi, um den absolut idealen Tag zu erwischen.

Endlich kam die erwartete Wetterkombination: Am Sonntagnachmittag hatte es Regenschauer gegeben, und für Montag wurde wechselhaftes Wetter angekündigt – genau das wollte ich haben. An schönen Tagen sind nämlich zehn bis zwanzig Seilschaften in der Wand unterwegs. Noch am gleichen Abend waren wir in St. Bartholomä, um im damals noch muffigen Matrat-zenlager der Ostwandunterkunft, die heute eine gemütliche Bleibe ist, die Nacht zu verbringen – allein, ohne Ostwand-Konkurrenten.

Am Morgen wallten graue Wolken knapp überm Gipfel. Hannes' Gottver-trauen wurde bald ein wenig gedämpft. Er fühlte sich irritiert durch den Gedanken an einen eventuellen Bergtod: entweder durch Steinschlag, von Menschen in Bewegung gesetzt, oder durch Wettersturz und Kälte. Wir waren gerade im ersten Licht des Tages richtig in der Wand, als auch schon die ersten Steine surrten und nicht weit von uns aufschlugen. Wir rochen den Schwefelgestank, der bei Steinschlag entsteht.

Hannes begann – wie immer, wenn er sich am Berg bedroht fühlte – wieder einmal an meiner bergsteigerischen Erfahrung zu zweifeln: Jetzt gebe es zwar keine Leute in der Wand, dafür aber weit oben ganz bestimmt starken Wind, der den Steinschlag auslöse. Bei so einem Wetter dürfe man nicht in die Ostwand steigen und so fort. Wir kletterten weiter, ich mit einem flauen Gefühl im Magen.

Nach gut zwei Stunden wußten wir, was gespielt wurde. Wir stießen auf eine Dreierseilschaft, die bereits am Samstagvormittag eingestiegen war und sich heillos »verhaut« hatte. Die Männer waren von der Route abgekommen und machten nach zwei kalten und nassen Biwaks einen schwachen Eindruck. Ich erklärte ihnen den genauen Routenverlauf, den man immer auswendig lernen sollte, und stieg mit Hannes weiter. Da war es in der Wand über uns ruhig wie in einer Gruft. Ohne Bedrohung wurde das Klettern zum Vergnü-gen. Und als wir nach insgesamt fünf Stunden auf dem Gipfel saßen, unver-sehrt und die Ostwand sozusagen in der Tasche, gab Hannes zu, daß der Ostwandtag nicht schlecht ausgewählt worden sei – aber seine Messe hätte auch einiges dazu beigetragen.

Doch allein wegen einer Ostwand-Durchsteigung würde ich heute und in diesem Buch den Watzmann nicht zu den schönsten Plätzen der Alpen rechnen. Wohl aber nach dem Morgen und Vormittag im Sommer 1983 am Aussichtspunkt Feuerpalfen bei der Gotzenalm. Traudl und ich waren in der Nacht von Königssee mit Stirnlampen aufgestiegen, um genau gegenüber der Ostwand, 1100 Meter überm Königssee, den Morgen zu erleben. Direkt unter uns lag der tintenblaue, fast schwarze See und St. Bartholomä war mit seinen Farbtupfen gerade noch erkennbar, dahinter die langsam aufleuchtende Ostwand – erst nach diesem Vormittag begriff ich den Berg und seine Landschaft, das Ganze dieser zauberhaften Bergwelt; oft brauchst du lang, um Schönheit zu erkennen.

Ich sehe schon, meine Begeisterung für die Berchtesgadener, die mich bald wieder sehen werden, würde viele Seiten füllen. Denn noch ist kein Berg der Reiteralpe erwähnt, auch nicht der Untersberg oder die Kalkriffe am Steinernen Meer.

Hellmut Schöner, Autor des Alpenvereinführers »Berchtesgadener Alpen«, sagte mir kürzlich: »Da können Sie ein ganzes Jahr hier sein und jeden Tag eine Tour unternehmen, dann kennen Sie erst einen kleinen Teil unserer Berge.« Wie recht er hat!

Führer/Karten: Die wichtigsten Führer für Wanderer, Bergsteiger und Tourenfahrer: Alpenvereinsführer »Berchtesgadener Alpen« von Max Zeller und Hellmut Schöner (15. Auflage 1982), BV München; Kleiner Führer »Berchtesgadener Alpen« von Hellmut Schöner, BV; Kleiner Führer »Watzmann-Ostwand« von Franz Rasp, München; »Skitouren rund um Berchtesgaden« von Willi Anfang/Klaus Nowak, Verlag Anton Plenk, Berchtesgaden; Kompaß-Wanderführer »Berchtesgadener Land« von Wolfgang Zimmermann; »Rundwanderungen Berchtesgadener Land« von Helmut Dumler, Fink-Verlag; Plenks Spezialführer »Nationalpark Berchtesgaden« mit Wanderkarte, Panorama und Stadtplänen, Verlag A. Plenk, Berchtesgaden.

Amtl. Bayer. Karte 1:25 000, Blätter 8343 und 8344, sowie 1:50 000 »Berchtesgadener Alpen« mit Wanderrouten; Alpenvereinskarten 1:25 000 »Steinernes Meer« und »Hochkönig, Hagengebirge«; der Alpenvereinsführer »Berchtesgadener Alpen« enthält eine vollkommen ausreichende Karte 1:50 000.

Kampenwand – Kalkriff überm Chiemsee

Das Kampenwand-Massiv ragt als neun Kilometer langer Bergkamm mit Ost-Westrichtung zwischen Tiroler Ache (Marquartstein) und Prien (Hohenaschau) und südlich des Chiemsees (Bernau) auf und beherrscht das Bild der Chiemsee-Landschaft.

Die eigentliche Kampenwand (1668 m) hat eine Ost-West-Länge von eineinhalb Kilometern. Ihr Gipfelgrat wirkt wie der Kamm eines stolzen Gockels und zieht den Blick der meisten Chiemsee-Besucher an. Und die recht harmlose, gemütliche Besteigung der Kampenwand ist für jeden Naturfreund eine Sinfonie von Milde, Lieblichkeit und Felswildnis. Wenn die Besteigung auch noch mit der Überschreitung zum Aussichtsbalkon Hochplatte verbunden wird, dann ist es bis zur Liebeserklärung für die Chiemgauer Alpen nicht mehr weit.

Diese sicher sehr »zahme« Berggruppe der Nördlichen Kalkalpen versinnbildlicht den Begriff bayerischer Voralpenlandschaft und ist für jeden, der nicht immer spektakuläres Hochgebirge um sich haben will, ein wahres Wander- und Kletterparadies. Die Kampenwand wird – vom Alpenvereinsführer abgesehen – in den großen, gängigen Bergbüchern totgeschwiegen wie eine verblichene Schönheit, über die »man« nicht mehr spricht.

Natürlich ist der Kampenwand-Nahbereich an schönen Tagen Tummelplatz vieler Seilbahntouristen. Aber das ist noch lange kein Grund, das ungewöhnlich schöne Kampenwand-Berggebiet zu meiden wie eine Aussätzige, denn die Kampenwand ist allemal und noch immer ein lohnendes Ziel für Kletterer und bergsteigerische »Normalverbraucher«, die auf dem Gipfel eine wahre Parade-Aussicht erwartet. Und das für nur eineinhalb Stunden Aufstieg, wenn man die Seilbahn benützt.

Der Weg hinüber zur Steinlingalm (1560 m) – nordöstlich der Seilbahn-Bergstation – ist, sogar etwas absteigend, ein gemütlicher Spaziergang von dreißig Minuten. Auch in der Folge gibt es keinerlei Orientierungsprobleme, denn der Weg zum Kampenwand-Ostgipfel (1660 m) ist zwar etwas lieblos angelegt, aber bestens markiert und teilweise, im Gipfelbereich, mit Drahtseilen gesichert. Da kommt bald nach dem Latschenhang die Schlechinger Scharte, die den Kamm teilt. Kurz unterhalb von ihr führt der Weg nach links in die Kaisersäle – eine Felsschlucht mit glatten Wänden –, um schließlich, den Sicherungsanlagen folgend, nach einer knappen Stunde das große Chiemgau-Kreuz auf dem Ostgipfel zu erreichen. Auf den Hauptgipfel (1668 m) müssen Bergwanderer verzichten, weil seine Besteigung richtiges Klettern verlangt. Überhaupt ist die Kampenwand vor allem ein Kletterberg, in bayerischen Kletterkreisen sogar ein sehr beliebter. Besonders im Frühjahr und Spätherbst, wenn im Hochgebirge noch nichts oder nichts mehr geht, ist Kampenwand-Zeit.

Wenn man das gezackte Kalkriff genauer anschaut, erkennt man bald seine starke Gliederung. Da gibt es elf kleine, aber selbständig aus dem Felskamm ragende Gipfel. Und es stehen über vierzig Kletterrouten der Schwierigkeitsgrade I bis VI mit durchschnittlichen Felshöhen von hundert Meter zur Verfügung. Hier machen sich viele Kletterer erstmals im Jahr wieder mit dem Fels vertraut, sozusagen als Vorbereitung für den Sommer. Denn für jedes Können gibt es mehrere Routen. Und fast alle weisen hervorragend guten, festen Fels auf.

An der Kampenwand haben schon in den dreißiger Jahren einige der damals berühmtesten Bergsteiger im Rahmen von Erstbegehungen ihre Spuren hinterlassen, unter ihnen Otto Eidenschink, Emil Gretschmann, Willi Merkl und Fritz Schmitt, um nur einige zu nennen. Die beliebteste Unternehmung für Klettergenießer ist zweifellos die West-Ost-Überschreitung der Kampenwand. Eine hübsche Kletterei mit ständig wechselnder Aussicht im Schwierigkeitsgrad II bis III und ein Spaß von höchstens zwei Stunden. Und auch noch mit dem Vorteil, daß es für den Abstieg auf dem Alpenvereinssteig keinerlei Probleme gibt.

Einmal war die Kampenwand-Überschreitung für mich das Ziel eines Familienausflugs, der zu einem köstlichen Vergnügen wurde. Natürlich kam ich mir da in jeder Minute vor wie der Dompteur eines Flohzirkus, um die drei Jungbergsteiger in Schach zu halten, weil sie immer wieder von der Hauptroute weg in steileren Fels wollten. Aber wir hatten schönes Wetter und waren zu unserer Freude auch noch ganz allein auf der Route.

Ein paar Jahre später war ich mit der bestimmt ungewöhnlichsten Klettergruppe auf der Kampenwand-Überschreitung unterwegs: mit sieben Strafgefangenen aus der Haftanstalt Bernau. Nach einigen Bemühungen hatte ich sie für ein Wochenende freibekommen. Ich wollte den sieben Männern einen Erlebnisbereich erschließen, den sie nicht kannten und der für sie vielleicht Anregung sein könnte für das Leben nach der Entlassung.

Einige meiner Freunde halfen, am Berg für Sicherheit zu sorgen. Nahe der Kampenwand hatten wir am Vorabend des Klettertages ein Zeltlager aufgestellt. Lagerfeuer, Gitarre und Lieder, ein gemütlicher, harmonischer Abend. Am Morgen des nächsten Tages wurden am Einstieg die letzten Anweisungen gegeben. Jeder meiner Freunde nahm seinen Zeltpartner, einen Strafgefangenen ans Seil. Bereits nach der ersten Seillänge sah ich, daß sich die Männer geradezu vorbildlich verhielten. »Mensch, is' des pfundig!« sagte Jürgen aus Bayern. Nach einer Stunde begann es zu regnen. Der Fels glich einer Schmierseifenschicht. Ein paar Worte genügten, und jeder bewegte sich noch vorsichtiger. In den Gesichtern war höchste Konzentration zu sehen. Oft tauchten im Nebel nur schemenhafte Gestalten auf. Aber es gab nicht den geringsten Zwischenfall. Und am Ende der Kletterei drückten sich überglückliche Männer die nassen Hände. Wir waren uns einig: das schlechte Wetter bedeutete gesteigertes Erlebnis.

Wieder unten im Tal, fragte mich ein Mann mit norddeutschem Dialekt: »Was sind denn das für nette Leute – ein Klub?«

»Nein«, sagte ich, »wir sind nur alte Freunde.«

»Großartig, wie die sich verstehen«, sagte der Mann.

Wir verstanden uns. Gemeinsames Erleben ist der Quell menschlichen Verstehens. So einfach ist das, am Berg – und wenn es nur die Kampenwand ist.

Schönheit muß nicht unbedingt mit Großartigkeit zu tun haben. Die Kampenwand ist ein filigranes Kleinod, ein zierliches Stück Schönheit, das man gern haben muß. Vor Jahren, nach einer achtwöchigen Reise durch die Gebirge Nordamerikas, war ich zwei Tage nach meiner Rückkehr mit der ganzen Familie an der Kampenwand, um ein Stück Bayernland zu erleben. Und es war, wie immer an der Kampenwand, ein glücklicher Tag.

Wandern

Es wäre eine fromme Lüge, wollte man die Kampenwand als unerschöpfliches Wandergebiet vorstellen. Aber eine Besteigung auf den teilweise gesicherten Wegen von Norden über die Steinling-Alm lohnt sich immer (zwei Stunden von der Kampenwand-Bergstation). Wenn man anschließend die Wanderung nach Osten zum Grassauer Haus und über die Hochplatte mit Abstieg nach Grassau verlängert – ein schöner, vollkommen gefahrloser Weg –, ergibt sich eine herrliche Familientour von vier bis fünf Stunden. Sehr hübsch ist auch die Kampenwand-Umrundung: Kampenwandbahn-Bergstation – Abstieg südöstlich zur Steinberg-Alm – östlich weiter, fast immer auf gleicher Höhe, zuletzt aufsteigend zum Grassauer Haus (2 Stunden) – Hochalpenkopf – Kampenwand – Steinling-Alm – Kampenwandbahn (2 Stunden).

Klettern

Am interessantesten und großzügigsten ist zweifellos die West-Ost-Überschreitung (II, einige Stellen III, 2–2½ Stunden) mit Abstieg auf dem Alpenvereinssteig; die übrigen Kletterrouten, vorwiegend schwierige, haben Klettergartencharakter.

Führer/Karten: AVF »Chiemgauer Alpen« von Marianne und Helmuth Zebhauser, BV München; Amtliche Wanderkarte 1:50 000 »Chiemsee und Umgebung«, Bayer. Landesvermessungsamt, München.

Klettern an der Kampenwand in den Chiemgauer Alpen, hier im Rahmen der sehr beliebten Überschreitung (II–III), die besonders im Frühsommer und Herbst gern unternommen wird.

Climbing the Kampenwand in the Chiemgau Alps, here within the setting of the popular crossing (II–III) which climbers like to make particularly during early summer and in the autumn.

Kaiserliche Glückswege

In Kufstein, Kitzbühel oder St. Johann, den bekanntesten Orten am Kaiser, spricht man nur vom »Koasa«. Das kleine, aber unerhört wilde Gebirge, dessen Hauptkamm von Kufstein (Tirol) rund zwanzig Kilometer nach Osten zieht und nahe bei St. Johann endet, ist vor allem ein erstrangiges Klettergebiet. Der eisenfeste Kalkfels, sauber und griffig, ist wie eigens für den Kletterer geschaffen. Es gibt einen Wilden und einen Zahmen Kaiser: beide zusammen bilden das Kaisergebirge.

Der Zahme Kaiser ist, wie schon der Name sagt, zahm, ein ideales Gebiet für Bergwanderer; seine Kammüberschreitung gehört zu den landschaftlichen Hochgenüssen. Wenn aber Kletterer vom »Kaiser« oder »Koasa« reden, meinen sie immer die Berge des Wilden Kaisers. Da gibt es einen Predigtstuhl, sogar einen Bauernpredigtstuhl, ein Kaisermanndl, einen Totensessel, ein Totenkirchl, eine Fleischbank, schließlich auch einen Kleinen und Großen Friedhof, zwei zwischen Bergen eingelagerte Kare.

Die Gipfel des Wilden Kaisers haben nur geringe Höhen. Der höchste ist mit 2344 Metern die Ellmauer Halt, die auf einem markierten Weg ohne Schwierigkeit bestiegen werden kann. Die Wände, plattig und meist eisenfest, haben beachtliche Höhen: es gibt bis zu 1000 Meter hohe Felsabstürze. Die beliebtesten Wände, Pfeiler und Kanten weisen vierhundert bis sechshundert Höhenmeter auf. Durch die geringen Gipfelhöhen und außergewöhnlich steilen, glatten Wände kann man im Wilden Kaiser schon sehr früh und auch noch sehr spät im Jahr klettern, ein ideales Trainingsgebiet.

Oft wird der Wilde Kaiser als »Klettergarten der Münchner« bezeichnet. Gewiß kann man vom Münchner Stadtzentrum aus den Einstieg irgendeiner Kletterroute in zwei bis drei Stunden erreichen. Aber ein Klettergarten ist der Wilde Kaiser nicht. Von der Wand eines Klettergartens ist man im Nu wieder unten auf sicherem Boden. Im Wilden Kaiser dauert das aber Stunden und Tage – und nicht selten wurden Abstiege oder Rückzüge zu Tragödien. Der Wilde Kaiser hat wettermäßig sehr viel Ähnlichkeit mit dem Eiger. Denn auch das Kaisergebirge ist eine weit nach Norden gegen das Flachland vorgeschobene Barriere.

Man muß den Kaiser als Bergfreund, ob Wanderer oder Kletterer, erlebt haben. Den Wilden Kaiser nicht zu kennen, ist eine wahre Erlebnislücke. Der große Alpenmaler und Bergsteiger Edward T. Compton (1849–1921) schrieb um die Jahrhundertwende: »Eine Wanderung von Kufstein über das Stripsenjoch nach St. Johann in Tirol gehört mit zum Schönsten, was man in den gesamten Alpen unternehmen kann.« Das ist wahr, und es ist zu unserer Freude auch heute noch so, denn das Kaisertal bei Kufstein hat sich seit Compton kaum verändert.

Zu den großartigsten Kaiserbergen gehört der dreigipfelige Predigtstuhl

(2115 m). Seine abweisenden Kanten und Plattenwände beherrschen das oberste Kaiserbachtal mit der Griesner Alm, ähnlich wie das Totenkirchl im hintersten Kaisertal aufragt. Rund tausend Meter bricht der Predigtstuhl gegen Norden ab. Neben dem Totenkirchl ist er ohne Zweifel die schönste, ausgeprägteste und beliebteste Berggestalt des ganzen Wilden Kaisers.

Am unglaublichsten, wildesten, verrücktesten sind die Predigtstuhl-Westwände, die in der Steinernen Rinne fußen. Steinerne Rinne – ein simpler Name für eine Felsszene, für eine Urlandschaft, wie sie erregender nicht sein könnte. Leo Maduschka (1908–1932) von den Münchner »Bergvagabunden«, zu früh in der Civetta-Nordwestwand bei einem Wettersturz umgekommen, beschrieb die Steinerne Rinne: »Ungeheuer und ganz unsagbar großartig lodert der Fels ringsum empor; linker Hand greift ein Turm mit der hinreißenden Kühnheit eines gotischen Münsters ins Blaue: der Predigtstuhl ... Es biegt dir den Kopf weit in den Nacken, es übermannt dich: das ist die Steinerne Rinne.«

Diese Riesenschlucht zwischen Fleischbank und Predigtstuhl wurde erst 1881 durch Gottfried Merzbacher und W. Soyer durchstiegen. Heute führt ein gesicherter Weg durch sie hinauf. Überhaupt ließ die Erschließungsarbeit des Wilden Kaisers lange auf sich warten. Das Totenkirchl wurde erst 1881 bestiegen, als in den Westalpen bereits die wichtigsten Gipfel erreicht waren. Und an den Predigtstuhl wagten sich Philipp Scheiner und Johann Tavonaro erst 1895. Ihre Route ist mit dem heutigen Normalanstieg weitgehend identisch (Schwierigkeitsgrad II). Heute gibt es am Predigtstuhl rund dreißig Kletterrouten, vorwiegend zwischen IV und VI.

Der gerissene Bergführer Johann Tavonaro witterte gleich nach der Erstbesteigung mit dem Würzburger Buchhändler Philipp Scheiner ein gutes Geschäft: Wenn die Predigtstuhl-Route nicht beschrieben wird, muß jeder ihn, Tavonaro, als Bergführer nehmen. Also wurden ins Hinterbärenbader Tourenbuch nur achtzehn vage Worte ohne genauen Hinweis eingetragen. Zwei Wochen später suchte der Pfälzer Jura-Student Karl Botzong nach Tavonaros Weg und fand den riesigen Westkamin. Glatte Wände, Klemmblöcke, Überhänge, Moos, Nässe. Botzong konnte klettern! Den Rucksack zog er jeweils am Seil nach. Kurz vor dem Ausstieg löst sich am Körper der Seilknoten. Rucksack und Seil verschwanden im Abgrund. Karl Botzong sah sich in einer Falle – einer echten Menschenfalle. Er erklomm den Gipfel und überstand ohne Seil den Abstieg über gefährliche Überhänge und glitschigen Fels.

Heute führt durch den Botzongkamin eine Abseilroute mit einzementierten Ringen. Immer, wenn ich mich durch den Botzongkamin abseilte, unter den Überhängen frei in der Luft schwebend, mußte ich an Karl Botzong denken. Am Predigtstuhl wurden Maßstäbe des Könnens gesetzt. Auch später von Hans Dülfer, Hans Fiechtl, Emil Gretschmann, Franz Weinberger, um nur einige zu nennen.

Das Totenkirchl (2193 m) mußt du von Hinterbärenbad aus im Kaisertal bewundern. Da ragt es mit seinem kantigen Nordwestabbruch wie ein gewaltiger Schiffsbug auf. Oder vom Stripsenkopf aus, diesem exzellenten Aussichtsbalkon nördlich des Berges – da glaubst du, eine Riesenorgel aus Fels vor dir zu haben. Und als guter Kletterer mußt du auf der Route von Hans Dülfer (1913, V+) die unglaublich kompakte Westwand erlebt haben. Es ist dies bestimmt eine der schönsten und elegantesten Routen der Ostalpen. Aber auch die weniger schwierigen Routen der Totenkirchl-Nordseite vermitteln herrliches Klettervergnügen. Ich jedenfalls habe am Totenkirchl im- mer glückliche Stunden erlebt. Fast immer auch an der Fleischbank (2187 m), diesem abweisenden Felsklotz als Nachbar des Predigtstuhls, auf den Spuren Dülfers in der Ostwand (V) oder auf dem herrlichen Nordgrat (II), der vor allem landschaftlich lohnend ist.

Die sonst sonnige Südostwand (V+) brachte mir einmal dramatische Stun- den. Rückzug im Wettersturz, der uns in Wandmitte überraschte. Es war ein echter Leidensweg. Und aus der Ostwand waren pausenlos Hilferufe zu hö- ren von einer Wiener Seilschaft, die wir Stunden zuvor beim Einstieg gese- hen hatten. Endlich hatte uns der rettende Wandvorbau. Eine halbe Stunde später war ich im Stripsenjochhaus, meldete die Notsituation der Wiener. Gegen Mitternacht kam von Kufstein die Rettungsmannschaft. Am näch- sten Tag konnten wir nur noch zwei der vier Wiener lebend bergen.

Einer der beiden starb noch am Wandfuß vor meinen Augen an Erschöpfung und Kälte. Die Fleischbank-Südostwand war für uns eine Wand ohne Gipfel – erst Tage später wurde uns klar: es war ein Glückstag.

Der Tod am Berg hatte mich zutiefst erschüttert. Er machte mir bewußt, daß Bergsteigen die sinnloseste Sache dieser Welt ist, wenn man es nicht über- lebt, wenn man das Wunderbare der Berge nicht mit nach Hause bringen und ins Leben tragen kann.

Als ich diese dramatischen und traurigen Stunden an der Fleischbank er- lebte, war ich ein blutjunger Bergsteiger. Vielleicht war das gut – und viel- leicht haben sie mit dazu beigetragen, daß ich heute noch lebe. Aber das waren nur wenige dunkle Stunden am Kaiser, dessen Kletter- und Wander- routen ich sonst fast nur als Glückswege erlebte.

Die schönsten Wanderrouten

Daß der Kaiser ein Kletterparadies ist, das sagen meistens die Kletterer. Das Kaisergebirge ist aber auch ein großartiges Wandergebiet, was man beim Anblick von so viel Fels und Schroffheit gar nicht glauben will.

Zahmer-Kaiser-Überquerung. Vielleicht die großartigste Route, die uns in drei Tagen praktisch die ganze Kaiser-Nordseite erschließt, und zwar ohne jede Gefahr und Schwierigkeit: 1. Tag Kufstein – Vorderkaiserfelden-Hütte (2½–3 Stunden); 2. Tag Höhenweg über Hochalm und Feldalmsattel zum Stripsenjochhaus (3 Stunden); 3. Tag Stripsenkopf – Feldberg – Griesenau (3 Stunden).

Steinerne Rinne. Die muß man kennen, wenn man trittsicher und schwin- delfrei ist. Aber erst im Hoch- oder (besser) im Spätsommer, wenn es keine Altschneereste mehr gibt: Von der Griesner Alm (Parkplatz) im Kaiserbach- tal zuerst in Richtung Stripsenjochhaus – dann links auf dem Egger-Steig durch die Steinerne Rinne aufs Ellmauer Tor (3 Stunden) – als Zugabe auf die Hintere Goinger Halt (1 Stunde) – Abstieg zum Ellmauer Tor und über die Gaudeamushütte nach Ellmau oder Going (2 Stunden).

Südliche Kaiser-Durchquerung. Die kann man sich als Drei- oder Viertages- tour vornehmen oder in mehreren getrennten Unternehmungen gönnen: 1. Tag St. Johann – Ackerlhütte – Baumgarten-Alm – Wildes Gschlöß – Grut- tenhütte (4–5 Stunden); 2. Tag Ellmauer Halt (2½–3 Stunden, teilweise Klet- tersteig); 3. Tag Scheffauer-Kaindlhütte – Aschenbrenner-Haus (6–7 Stun- den, Sessellift nach Kufstein).

Totenkirchl: Heroldweg (G. Herold 1895, 320 m, III+ und III, 2–2½ Stunden) hinauf und Führerweg, Normalroute, hinab (C. Babenstuber mit Th. Widauer 1881, III–, 2 Stunden), Stützpunkt: Stripsenjochhaus; Südostgrat (J. Ostler und F. Kurz 1904, Kletterlänge 450 m, eine Stelle IV, sonst III+ und III, 2–2½ Stunden), Stützpunkt: Gaudeamus- oder Gruttenhütte und Stripsenjoch-haus.

Ellmauer Halt: Kopftörl-Grat (G. Leuchs 1900, Kletterlänge etwa 1400 m, 350 m III, sonst II und I, 3–5 Stunden, nur bei sicherem Wetter!), Stützpunkt: Gruttenhütte.

Kleine Halt: Nordwestwand, Enzensperger-Führe (J. Enzensperger und S. v. Reuss 1895, Kletterlänge 500 m, eine Stelle III+, sonst III, 4–6 Stunden), Stützpunkt: Hinterbärenbad.

Predigtstuhl: Hauptgipfel-Westwand, Dülfer-Führe (H. Dülfer, H. Fiechtl und Hanne Franz 1912, Kletterlänge etwa 220 m, III, eine Stelle IV, 1½–2 Stunden), Stützpunkt: Stripsenjochhaus; Nordgipfel-Nordkante (H. Matejak 1908, Kletterlänge 750 m, einige Stellen IV, sonst III, 3–4 Stunden), Stütz-punkt: Stripsenjochhaus.

Hintere Goinger Halt: Nordgrat (G. Leuchs und F. Schön 1899, Kletterlänge 350 m, einige Stellen III, sonst II, 1–1½ Stunden). Ideal und großzügig in Verbindung mit der Predigtstuhl-Nordkante, Stützpunkt: Stripsenjoch-haus.

Fleischbank: Nordgrat (K. Herr, H. Pfann und W. Wunder 1898, Kletterlänge 700 m, einige Stellen III, sonst II, 3½–4 Stunden), Stützpunkt: Stripsenjoch-haus.

Führer/Karten: Die wichtigsten Führer für Bergwanderer und Kletterer sind der »Alpenvereinsführer Kaisergebirge« von Pit Schubert und Wolfgang Zeis (1978) und der »Kleine Führer Kaisergebirge« von Fritz Schmitt und Wolf-gang Zeis (1981), beide mit einer Wanderkarte 1:50 000, BV, München, sowie das Kompaß-Wanderbuch 905 »Kufstein-Kaisergebirge«, Starnberg 1981/82. Wer sich mit dem Kaisergebirge intensiv auseinandersetzen will, dem sei »Das Buch vom Wilden Kaiser« von Fritz Schmitt empfohlen, München, Neuauflage 1982.
Freytag-Berndt-Wanderkarte 1:50 000 »Kufstein Kaisergebirge Kitzbühel« (Blatt 301) mit alpinistisch-touristischen Informationen. Beste und genaue-ste Darstellung des Kaisergebirges zeigt die Alpenvereinskarte 1:25 000 (1961).

Karwendel-Romantik

Das Karwendelgebirge in den Nördlichen Kalkalpen ist ein Bergland mit vielen Gesichtern: Durch seine weiten Begrenzungstäler fließt in den Sommermonaten der große Reiseverkehr, pulsiert lautes Leben in den Städten, während man im Gebirge selbst, nur eine Stunde von den Ballungszentren entfernt, absolute Einsamkeit erleben kann, umgeben von riesigen Kalkwänden, die in oft trostlosen Schuttkaren fußen – Heimat der Gemsen und Steinadler. Karwendel, das ist ein Zusammenklang von Wäldern, Almwiesen, rauschenden Bächen – und vor allem Fels. Im Sommer stimmen einen die dunklen Wälder fast melancholisch; im Herbst, wenn die goldfarbenen Laubwälder leuchten, empfindet man eine beschwingte Heiterkeit.

Die Abgrenzungen des Karwendelgebirges sind klar: im Süden das Inntal mit den Städten Innsbruck, Solbad Hall und Schwaz; im Norden und Westen die Isarlinie mit Seefeld und Mittenwald; im Osten das Achental mit Achensee und Pertisau – insgesamt rund neunhundert Quadratkilometer.

Die Karwendelberge bestehen durchwegs aus Meeresablagerungen der Trias-, Jura- und Kreidezeit; ihr Aufbau begann also vor rund 180 Millionen Jahren (Trias) und war nach Hebungen und Faltungen vor etwa sechzig Millionen Jahren abgeschlossen. Bergsteiger sprechen aber nur selten über die streng geologischen Zusammenhänge. Der Karwendelfels ist unter Kletterern wegen seiner Brüchigkeit berüchtigt. Wer im Karwendel schwierige Routen meisterte, kann in allen Gebirgen der Erde klettern. In den Karwendelwänden kommt es an den Tag, was man wirklich kann. Es gab hervorragende Kaiser- und Dolomiten-Spezialisten, die das nicht glauben wollten: Sie fuhren ins Karwendel und fuhren wieder nach Hause – ohne eine große Wand bezwungen zu haben (und das gewiß nicht wegen des Wetters!).

Aber das Karwendelgebirge ist nicht nur ein Felsreich für hervorragende Kletterer, sondern auch ein Idealgebiet für Wanderer jeder Art. Man kann auf breiten, harmlosen Wegen durchs Gebirge bummeln, von West nach Ost, von Nord nach Süd und umgekehrt, von Hütte zu Hütte. Oder man findet Spaß an den Übergängen der verschiedenen Ketten, auch an leichten Gipfelbesteigungen, von denen es nicht aufzählbare Möglichkeiten gibt. Vielleicht auch nur an einem Faulenzertag auf dem Kleinen oder Großen Ahornboden. Fast sechzig Hütten oder Berggasthäuser stehen als Stützpunkte für Wander- oder Kletterfahrten im Bergland der Kare und Wände zur Verfügung. Die große Erschließer-Tätigkeit im Karwendel setzte um 1870 ein. Hermann von Barth wurde geradezu ein Karwendel-Forscher.

Die Lalidererwände zwischen Dreizinkenspitze (2602 m) und Lalidererspitze (2583 m), fast tausend Meter hoch und 1,8 Kilometer breit, gehören zu den eindrucksvollsten Schaustücken der Ostalpen. Eine grandiose, erregende Felslandschaft, die man tagelang auf sich einwirken lassen kann, ohne des

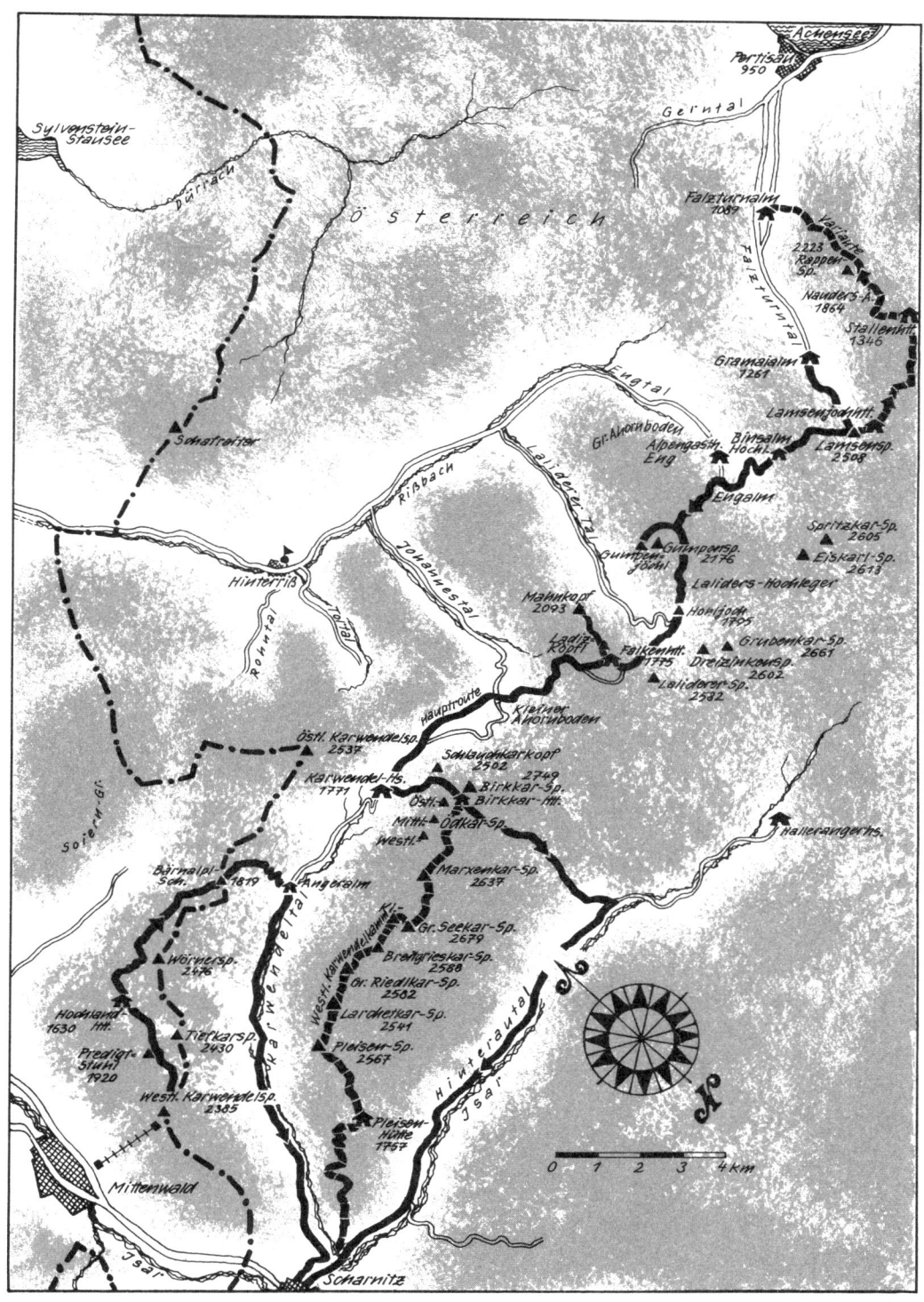

Schauens müde zu werden, auch wenn man sich nicht einmal in Gedanken in die Wände wagt. Einen Sonnentag bei der Falkenhütte wird man so schnell nicht vergessen können. Auch nicht einen Tag auf dem Ladiz- oder Mahnkopf, diesen einmaligen Panorama-Kanzeln. Ähnlich starke Eindrücke vermitteln auch die riesigen Wandfluchten am Großen Ahornboden.

Ich bin durch alle Täler gewandert, auf einigen der schwierigsten Routen geklettert, bei Sonnenschein und Hagelschauer, war auf den großen Graten unterwegs, auch im Winter bei klirrender Kälte – immer bin ich mit starken

Eindrücken aus dem Karwendel als glücklicher Mensch heimgekehrt. Und ich werde dieses bezaubernde Bergland mit seinen vielen Geheimnissen und seiner Ursprünglichkeit immer wieder durchwandern.

Zum Beispiel der Weg entlang der Nördlichen Karwendelkette zwischen Mittenwald (Westen) und Johannestal (Osten), Grenzkamm zwischen Bayern und Österreich. Er vermittelt dem erfahrenen Hochgebirgswanderer ein sehr kontrastreiches Landschaftsbild: einmal ist es die Wildheit der meist einsamen Hochkare, in denen wir nicht immer einen guten Weg antreffen, zum anderen sind es die sanften, ausgleichenden Linien der Bayerischen Voralpen im Norden und schließlich das halbe Dutzend dunkelblauer Flecken der Seen, die in den Talmulden eingebettet sind.

In der ersten Stunde müssen wir im Seilbahn-Nahbereich einige Lautstärke ertragen, aber gleich danach wird es ruhiger, einsamer: Karwendelseilbahn – Westliche Karwendelspitze (2384 m) – Dammkar –Predigtstuhl (1920 m) – Mitterkar – Hochlandhütte (1623 m, Nächtigung) – Wörnersattel (1989 m) – Wörner 2476 m) – Kammleitenjoch – Bärnalplscharte (1793 m) – Angeralm (1313 m) – Scharnitz. Insgesamt nimmt die Tour 11 bis 12 Gehstunden in Anspruch, aber man kann sie entschärfen und verkürzen, wenn auf die Wörner-Besteigung verzichtet wird (sie verlangt ein wenig Kletterei).

Die vielleicht schönste Wanderroute ist die Ost-West-Durchquerung des Gebirges in sechs Tagen. Der erste Wandertag – zugleich Anreisetag – ist kurz und schmerzlos: Von Pertisau am Achensee zur Gramaialm im Falzturntal (Busverkehr) und Aufstieg zur Lamsenjochhütte. Da kann auch jeder Neuling mithalten. Der Reiz dieser Ostkarwendellandschaft liegt nicht zuletzt in der Tatsache, daß es von der romantischen Umgebung des Achensees mitten ins Gebirge hinein nur ein Katzensprung ist und die weiten Talböden des Falzturntales mit ihren riesigen Ahornen den berühmten Ahornböden nicht viel nachstehen. Allerdings sollte man das Gebiet in der Hauptferienzeit meiden, denn die Achensee-Nähe hat auch ihre Schattenseiten, zumal das acht Kilometer lange Falzturntal durch eine Asphaltstraße »erschlossen« wurde – offenbar im Interesse des Falzturnkönigs, der neben der Gramaialm einen Klotz von Alpengasthof errichten ließ, sogar mit einem leistungsstarken Dieselaggregat, dessen Abgase in den »naturgeschützten« Raum strömen, ein Unding in dieser bezaubernden Landschaft. Bis zur Gramaialm müssen wir also reichlich tolerant sein – und gleich danach ist aller Ärger über tirolische Naturschutz-Ungepflogenheiten vergessen, wohl oder übel.

Von der Gramai-Niederleger-Alm (1263 m) im hintersten Falzturntal südwestlich über den Gramaier Grund (Wegtafel, Abzweigung nach rechts zum Gramai-Hochleger) in zwei Stunden zur Lamsenjochhütte (1953 m) südöstlich der Lamsenspitze. Die Lamsenjochhütte des Deutschen Alpenvereins verfügt über 100 Betten und Lager, ist von Anfang Juni bis Anfang Oktober voll bewirtschaftet und befindet sich in einer großartigen Landschaft.

Wer nur ein Wochenende Zeit hat, wandert am nächsten Tag auf dieser Route zurück nach Pertisau: Von der Hütte östlich hinab durchs oberste Stallental zur Stallenhütte (1340 m), eine Stunde. Von hier nördlich durch den Grubachgraben hinauf und nordwestlich durch die Ritzhalsmulde, um wieder nördlich die Naudersalm (1869 m) zu erreichen, eine Stunde von der Stallenhütte. Jetzt zuerst ein wenig nach Osten, und schon haben wir das kleine Hochkar vor uns, das nördlich zum Sattel zwischen Kaiserjoch (2198 m) und Rappenspitze (2223 m) eingelagert ist; der Aufstieg erfordert

Kaiser-Felslandschaft am Ellmauer Tor mit Christaturm (links) und Fleischbank, zwei der beliebtesten Kletterziele im Wilden Kaiser. Aber auch für den Nichtkletterer ist diese Felswelt beeindruckend.

The Kaiser mountains' rocky countryside at Ellman Tor with Mount Christaturm (on the left) and Mount Fleischbank which are two of the most popular mountains for climbing in the Wilden Kaiser group. Even for the non-climber this rocky area is very impressive.

Nächste Seite:
Morgenstimmung über dem Kaiserbachtal – auch solche romantischen Motive gehören zum Kaisergebirge, das nicht nur eine Hochburg der Kletterer ist, sondern auch ein reizvolles Wandergebiet.

Following page:
Morning over the Kaiserbach Valley. Such romantic scenes are also a part of the Kaiser mountains which are not only for the mountaineer but also make for an attractive area for the mountain-rambler.

eine gute halbe Stunde (im Sattel Wegtafel, rechts führt der Weg über die Weissenbachalm nach Pertisau). Vom Sattel zuerst westlich, dann nördlich hinab ins Naudererkar, an einem kleinen See rechts vorbei, und über den ausgeprägten Gratrücken nördlich zur Dristlalm (1644 m). Von dieser schließlich nordwestlich steil hinab durch eine Waldmulde zur Falzturnalm (1089 m, Gasthaus), wo wir den Wandertag – »erfrischend« – ausklingen lassen können, denn von hier gibt es ständig Fahrgelegenheiten hinaus nach Pertisau (3 km). Und wer seine Kondition noch nicht völlig verausgabt hat, kann sich auch noch den Spaziergang nach Pertisau auf dem südlichen (für Autos gesperrten) Fahrweg nach Pertisau leisten (½ Stunde). Die ganze Wochenendtour erfordert nicht mehr als fünf bis sieben Gehstunden.

Die Wochenroute führt am zweiten Tag von der Lamsenjochhütte über das Westliche Lamsenjoch (1933 m) und nordwestlich hinab, an der Binsalm vorbei, zum Alpengasthof Eng, wo bereits wieder gute Betten oder Lager zur Verfügung stehen. Die eigentliche Gehzeit an diesem Tag beträgt nur zwei Stunden, aber der weitflächige Große Ahornboden ist so großartig, daß da ein paar Stunden, unter vierhundert Jahre alten Ahornen träumend, wie im Fluge verstreichen.

Auch der dritte Tag ist von der Anstrengung her noch keine Supertour: Von der Eng übers Gumpenjöchl und das Hohljoch zur Falkenhütte braucht man höchstens drei bis vier Stunden: zuerst westlich hinaus zum Gumpenjöchl, das wir in eineinhalb Stunden erreichen, dann südwestlich über den Laliderer Hochleger (Alm) aufs Hohljoch und entlang der gigantischen Laliderer-wände, an denen sich nur erstklassige Kletterer versuchen können, zur Falkenhütte (1850 m) des Deutschen Alpenvereins mit rund 120 Betten und Lager und einer gemütlichen Stube. Die Hütte befindet sich auf einer richtigen Aussichtskanzel.

Der vierte Tag ist Aussichts- und Faulenzertag, an dem wir die schönen Stunden abseits verbringen: in einer knappen Stunde kommen wir nördlich der Hütte über den Ladizkopf auf den Mahnkopf, dessen Name wir nicht allzu wörtlich nehmen müssen. Im Mahnkopfbereich gibt es herrlich ruhige Plätzchen inmitten wohlriechender Latschen und von einem packenden Panorama umgeben; im Rucksack sollte natürlich auch eine gute Brotzeit verstaut sein. Erst am Spätnachmittag, wenn die Sonne schon wieder lange Schatten wirft, werden wir zur Falkenhütte zurückkehren.

Der fünfte Tag bringt uns einen richtigen Alpenspaziergang von hoher Romantik und mit nur zweieinhalb bis drei Gehstunden: Abstieg zur urigen Ladizalm und zum Kleinen Ahornboden, der bestimmt zu den idyllischsten Plätzen der Alpen gehört – ein paar Minuten abseits des Weges kann man ungestörte Ruhe genießen. Denn bis zum Karwendelhaus (1765 m), unserem nächsten Ziel, ist es von hier nur noch eine gute Stunde. Auch das Karwendelhaus gehört dem Deutschen Alpenverein, hat 230 Betten und Lager und ist von Pfingsten bis Mitte Oktober bewirtschaftet. Dort sollte sich jeder eine ruhige Nacht gönnen, denn der sechste Tag bringt den bergsteigerischen Höhepunkt: die Überschreitung der Birkkarspitze (2749 m), die sechs bis acht Gehstunden erfordert: Vom Karwendelhaus (Wegtafel) südlich entlang der Westflanke des Schlauchkargrabens hinaus (Seilsicherungen), zunächst durch Latschen und über Hochweiden. Mit jeder Viertelstunde wird die Vegetation spärlicher; im eigentlichen Schlauchkar sind wir nur noch von Ödland umgeben, von Schutt und Schrofen. Aber der Weg ist gut angelegt und

Vorhergehende Seite:
Herbst im Karwendelgebirge, Blick von der Ladizalm gegen (von links) Moserkarspitze und Rauhkarspitze, hinter der rechts auch noch die Birkkarspitze zu erkennen ist.

Previous page:
Autumn in the Karwendel mountains, view from the cottage at Ladiz towards (from the left) the Moserkarspitze and Rauhkarspitze, behind which one can also make out the Birkkarspitze on the right.

Riesige Wände und Schuttkare beherrschen das Bild der Karwendellandschaft: Lalidererspitze (links) mit ihrer 900 Meter hohen Nordwand, rechte Ladiztürme, Bockkarspitze und Sonnenspitze, unten die Falkenhütte, idealer Stützpunkt für Wander- und Kletterrouten.

Giant mountain faces and corries dominate the Karwendel landscape; on the left the Lalidererspitze with its northern face reaching to 900 metres, on the right Ladiztürme, Bockkarspitze and Sonnenspitze, below the Falkencabin which serves as an ideal starting point for rambling and climbing routes.

führt, am östlich aufragenden Schlauchkarkopf (2500 m) vorbei, in vielen Kehren, zuletzt südwestlich, hinauf in die tiefste Einschartung des Schlauchkarsattels, wo sich südseitig das Birkkarhüttl befindet. Deutlich sieht man am Fußpunkt der Felsen den Beginn der gesicherten Steiganlage, die zuerst den Westgrat entlang, dann über die schroffige Südwestflanke zum Gipfel führt (2½–3 Stunden vom Karwendelhaus). Wieder zurück zum Birkkarhüttl, sehen wir südlich Steigspuren und Sicherungsanlagen, die – nahe der Westabstürze des Birkkarspitze-Südgrates – ins Westliche Birkkar hinabführen; mit ein wenig Trittsicherheit gibt es keinerlei Probleme.

Unser nächstes Ziel ist ein markanter Latschenfleck weit unten, den wir nach vielen kurzen Kehren erreichen; westlich von ihm führt der Weg über Felsstufen hinab, quert unterhalb des Latschenkopfes nach links (Osten) und bringt uns hinab in den Birkbachgraben, der zur Westflanke durchquert wird; an dieser entlang südlich hinab zum Hinterautal-Fahrweg, den wir fünfzehn Minuten (1 km) westlich des Jagdhauses »Im Kasten« erreichen (2 Stunden von der Birkkarspitze). Ihm folgend durchs wildromantische Hinterautal – entlang der jungen Isar hinaus nach Scharnitz, das wir nach knapp drei Stunden (13 km) erreichen; wer am Ende des Birkkar-Abstiegs Gummiknie spürt, wird vielleicht im Fahrzeug eines Jägers oder Försters mitgenommen.

Nach dieser Tour werden wir in Scharnitz keine sehr großen Sprünge mehr machen. Beste Zeit ist von Mitte August bis Mitte Oktober, am schönsten und problemlosesten ist die Tour ab Mitte September.

Klettern

Wirklich schöne Kletterrouten bis Schwierigkeitsgrad III gibt es im Karwendel nicht sehr viele; die lohnendsten: Lamsenspitze-Barthkamin (III) und Ostwand (Hübel-Route, III+), Sunntiger-Nordwand (III), Viererspitze-Südwestgrat (III), Spritzkarspitze-Nordwestwand (III+) und Hochkarspitze-Ostgrat (III).

Großartigstes Karwendelunternehmen im unteren Schwierigkeitsbereich (bis maximal III) ist zweifellos die West-Ost-Überschreitung des zehn Kilometer langen westlichen Karwendelhauptkamms von der Pleisenspitze (2569 m) bis zur Birkkarspitze (2749 m), das nur in einem kurzen Abschnitt Schwierigkeiten II bis III aufweist, aber insgesamt sechzehn Stunden erfordert, also ein eingeplantes Biwak notwendig macht; es gibt jedoch mehrere Möglichkeiten für Notabstiege (Schlechtwetter). Wer wilde Einsamkeit und eine ungewöhnliche Gratüberschreitung erleben will, wird hier eine neue Dimension des Bergsteigens erleben.

Ablauf: Pleisenhütte (1757 m, 2 Stunden von Scharnitz) – Pleisenspitze (Weg, 1½ Stunden) – Larchetkarspitze (2541 m, II, 2 Stunden) – Große Riedlkarspitze (2582 m, II–III, 2 Stunden) – Breitgrieskarspitze (2588 m, I, 1½ Stunden) – Große Seekarspitze (2679 m, I, 2 Stunden) – Marxenkarspitze (2637 m, II, 2 Stunden) – Odkarspitzen (2743 m, I, 1 Stunde) – Birkkarspitze (2749 m, I, 1½ Stunden) – Karwendelhaus (Weg, 2 Stunden).

Karten/Führer: AVF »Karwendelgebirge« von Heinrich Klier und Fritz März, Kleiner Karwendelführer der gleichen Autoren, BV München. Bayerische Wanderkarte 1:50 000 »Karwendelgebirge« vom Bayerischen Landesvermessungsamt München.

Liebe zum Wetterstein

Das Wettersteingebirge, Teil der Nördlichen Kalkalpen, ist ein sehr kleines Gebirge zwischen Karwendel im Osten, Lechtaler Alpen im Westen, Mieminger-Kette im Süden und Ammergauer Alpen im Norden. Ein Ost-West-Rechteck von knapp dreihundert Quadratkilometern. Im Süden das Gaistal mit der Leutascher Ache, im Norden und Westen das Loisachtal mit Garmisch-Partenkirchen und Ehrwald, im Osten das Isartal mit Scharnitz und Mittenwald. Grob gesehen, gibt es fünf große Gratketten, die mehr oder weniger miteinander verbunden sind, nämlich von Osten: Wettersteinkamm (Hauptgipfel: Hochwanner, 2746 m), Blassenkamm (Höllentalspitzen, 2745 m), Waxensteinkamm (Riffelspitzen, 2263 m), Riffelwandkamm (Große Riffelwandspitze, 2626 m) und Zugspitz-Massiv (2963 m) mit Plattumrahmung.

Zwei ausgeprägte Täler entspringen im Gebirgszentrum, ziehen nach Nordosten, um bei Garmisch-Partenkirchen zu münden: das sechs Kilometer lange Höllental mit dem Hammersbach zwischen Blassen- und Waxensteinkamm, und das fünfzehn Kilometer lange Reintal mit der Partnach, zwischen Wetterstein- und Blassenkamm. Beide Bäche durchbrechen zuletzt wildromantische Felsschluchten, seit Jahrzehnten vielbesuchte Touristenattraktionen: die Höllental- und die Partnachklamm. Die Grenze zwischen Österreich und Bayern verläuft über den westlichen und südlichen Teil der Plattumrahmung sowie über den 25 Kilometer langen Wettersteinkamm. Die Entstehung des Wettersteingebirges verlief wie die des Karwendels im Osten. Aber der Kletterer weiß, daß die Wettersteinberge fast durchwegs festeren Fels aufweisen.

Wenn die Bayern vom »Wedastoa«, die Tiroler vom »Weddastoa'n« und die Norddeutschen vom »Wetterstein« sprechen, dann meinen sie alle das Wettersteingebirge. Natürlich ist es, genau genommen, falsch, wenn man »in den Wetterstein geht«, denn es ist ein *Gebirge* und nicht ein Berg wie etwa der Wendel*stein*. Aber nur wenige sagen Wettersteingebirge. Selbst der offizielle Alpenvereinsführer begnügt sich mit dem Titel »Wetterstein«.

Über die Namensgebung findet man in den Führerwerken zwar keinen Hinweis, aber die Herkunft kann man sich leicht erklären: Vor einigen hundert Jahren sah man noch nicht so sehr das Detail, die ausgeprägten Gratketten und Kämme, die Täler und Hochkare – man sah ein Massiv, einen Berg, einen »Stein«. Und wer den Garmischer Raum schon mehrmals besucht hat und dabei die Wolkenbänke am Zugspitzbauch hängen sah, der kann sich gut vorstellen, daß früher die Menschen des Werdenfelser Landes den oft wolkenverhangenen *Stein*, von Gewittern umtobt, gern mit dem Wetter in Zusammenhang gebracht haben.

Für den Bergsteiger ist das Wettersteingebirge eine weitverzweigte, unendlich vielseitige Felsenwelt, in der so ziemlich alles vertreten ist: vom internationalen Rummelplatz bis zum stillen Talwinkel, vom gesicherten Felssteig bis zur gewagtesten Freikletterei. Kernstück des Wettersteins für den »normalen« Bergfreund ist natürlich die Zugspitze (2962 m), Deutschlands höchster, mächtigster und meistbesuchter Berg. Auf ihm befinden sich die höchste Hütte, die höchste Wetter- und Seilbahnstation, das höchste Hotel, der höchste Gletscher, das höchste Skigebiet.

Viele Touristen meinen, daß der Name Zug-Spitze mit den vielen Bahnen etwas zu tun habe. Aber den »Zugspitz«, wie der Berg von 1590 (erste Erwähnung) bis 1836 hieß, gab es schon, als man von Zügen noch nichts wußte. Die Einheimischen glaubten an den bösartigen »Zuggeist«, an den riesigen Geier, der den Zugspitz bewachte und jeden, der in sein Reich einzudringen versuchte, übel zurichtete. Später mußte der Zuggeist vor der großen Übermacht des Menschen und seiner Technik das Weite suchen.

Die wirkliche Namensgeschichte indes ist viel weniger romantisch: Für die Bergler im Werdenfelser Land und in anderen Alpengebieten gibt es neben einem fahrenden Zug auch einen Lawinen-Zug. Am Nordfuß der Zugspitze gibt es viele Lawinenzüge. Daher der Name »Zugspitze«.

Die Erstbesteigung am 27. August 1820 gehört zu den ganz frühen Ostalpen-Unternehmungen. Sie glückte im Rahmen eines Vermessungsauftrags der königlich-bayerischen Regierung: Leutnant Joseph Naus, Meßgehilfe Maier und der Partenkirchner Führer Johann Georg Deuschl erreichten durchs Reintal und über den Schneeferner (damals »Plattachferner«) den Westgipfel. Im Abstieg schien es, als würde sich der Zuggeist mit einem Gewittersturm rächen, aber die drei Männer kamen mit dem Schrecken davon und zurück ins Reintal.

Die Zugspitzgeschichte ist lang und bunt, heiter und dramatisch – der Gipfel von Deutschlands höchstem Berg wurde technisch buchstäblich vergewaltigt. Aber nur eine Stunde abseits von diesem hochalpinen Allerweltsplatz kann man auch am Zugspitzmassiv noch die Ursprünglichkeit der Hochgebirgswelt erleben. Dazu braucht es nur ein wenig Überlegung, einen Funken Phantasie – und ein offenes Herz. Mich jedenfalls hat der Wetterstein noch nie enttäuscht, weder als Kletterer noch als Wanderer, und es gibt noch viele Wünsche, die ich mir in diesem herrlichen Bergraum erfüllen möchte.

Die schönsten Wanderrouten

Zugspitze-Reintal. Das ist die Standardwanderung, die man kennen muß und die uns einen großen Teil des Wetterstein erschließt; ein gefahrloser Weg, den man gut an einem Tag schafft: Zugspitze – Knorrhütte – Reintalanger-Hütte – Reintal – Partnachklamm – Garmisch-Partenkirchen (5–6 Stunden).

Eibsee-Runde. Ein vergnüglicher Spaziergang am Nordfuß der Zugspitze, der beliebig ausgedehnt werden kann – und ein erfrischendes Bad ist auch noch drin: Bayerische Zugspitzbahn von Hammersbach bis Eibsee – Eibsee-Rundwanderweg (2½ Stunden) – Höhenweg bis Höllentalklamm – Hammersbach (2 Stunden).

Wettersteinkamm-Überquerung. Eine großzügige Zweitagestour durch den Ostteil des Gebirges für gute Geher: 1. Tag Leutasch-Reindlau – Berglental – Meiler-Hütte (4–4½ Stunden); 2. Tag Schachen – Königsweg – Elmau – Wettersteinalm – Ferchensee – Mittenwald (5 Stunden); geübte Geher können sich mit dem Hermann-von-Barth-Weg auf die Partenkirchener Dreitorspitze eine lohnende Zugabe leisten (2½ Stunden, Klettersteig).

Auf der Wetterstein-Sonnenseite können aus dem Leutaschtal ganz besonders schöne und gefahrlose Wanderungen unternommen werden – Möglichkeiten für einen langen Sommerurlaub!

Die schönsten Kletterrouten bis III

Zugspitze-Jubiläumsgrat (III−), zweifellos die großzügigste Route dieser Schwierigkeit (6–8 Stunden von der Zugspitze zur Alpspitze).

Musterstein-Westgrat (III−) und Südwand (Leberle-Route, III+), beide von der Meiler-Hütte aus.

Schüsselkarspitze-Westgrat (III), elegante Route mit bestem Fels (5 Stunden von der Oberreintal- oder Wettersteinhütte).

Wettersteingrat (III), lange, landschaftlich sehr schöne Route vom Musterstein (Meiler-Hütte) zur Unteren Wetterspitze (vorwiegend II und leichter, 7–8 Stunden).

Führer/Karten: Alpenvereinsführer »Wetterstein und Miemingerkette« von Günther Härter, Helmut Pfanzelt und Stefan Beulke, BV München (3. Auflage 1984); Kleiner Führer Wettersteingebirge von Helmut Pfanzelt, BV; »Die Zugspitze« (Geschichtliches und Technisches von der Zugspitze) von Max Werneck, Verlag Eberl, Immenstadt 1976; Alpinmonografie »Wetterstein« von Fritz Schmit, BV München 1979.

Amtliche Wanderkarten 1:50 000 »Werdenfelser Land«, 1:25 000, Nr. 8531 »Zugspitze«, Nr. 8532 »Garmisch«, Alpenvereinskarte 1:25 000 »Wetterstein-Ost«, »-West«, »-Mitte«; Freytag-Berndt-Wanderkarte 1:50 000, Blatt 322 »Wetterstein-Karwendel-Seefeld-Leutasch, Garmisch-Partenkirchen« mit Informationen über Schutzhütten, Kultur, Sehenswürdigkeiten und Tourenvorschläge.

In den Mieminger Bergen

Hört und liest man immer wieder von den übervölkerten Alpen, so ist in den Mieminger Bergen die Welt noch in Ordnung – noch. Es gibt zwar auch Wege und Hütten, aber keine Berge mit spektakulären, weltberühmten Namen wie Matterhorn, Jungfrau, Eiger oder Marmolada. Wer kennt in Paris, Mailand oder Hamburg schon den Wannig, den Grünstein oder die Hochwand! Fast niemand. Und das ist gut so. Die Mieminger Berge zwischen Wettersteingebirge im Norden und Inntal im Süden (Tirol) sind ein Gebirge für Kenner, für Genießer, die auf berühmte Namen pfeifen, dafür aber schöne, noch nicht zu sehr überlaufene Berglandschaften lieben. In den Mieminger Bergen sieht man viele Bayern, die wissen, wo man noch unbehelligt seine Wandertage erleben kann. In den späten sechziger Jahren wurden die Mieminger Berge zusehends auch von Kletterern wiederentdeckt, es gab eine bemerkenswerte Nacherschließung, die teilweise sehr schöne Routen brachte. Das Mieminger Gebirge erstreckt sich vom Fernpaß im Westen bis nach Seefeld im Osten. Es gibt drei Alpenvereinshütten und zahllose Wanderwege, die zu lohnenden Zielen führen.

Die Grünstein-Runde

Ein echtes Schmankerl ist die Grünstein-Runde: Ehrwald – Ehrwalder Alm – Coburger Hütte – Grünsteinscharte – Hölltörl – Marienbergjoch – Biberwier – Ehrwald. Eine vollkommen ungefährliche und zu allem auch noch hochromantische Tagestour von fünf bis sechs Stunden: Von Ehrwald (1000 m) überlassen wir die ersten 500 Höhenmeter der Seilbahn bis zur Ehrwalder Alm (1502 m). Hier beginnt das Wandervergnügen. Auf Weg 23A kommen wir in einer knappen Stunde über die Seebenalm (Brotzeit-Station) zum ungewöhnlich romantisch gelegenen Seebensee, auf dessen Spiegel Grünstein und Griesspitzen sozusagen kopfstehen. Nach einer weiteren Stunde können wir uns schon in der Coburger Hütte (1917 m) ein wenig stärken und den Drachensee bewundern. Der Weg 812 bringt uns hinauf zur Grünsteinscharte (2272 m, 1 Stunde), auf der sich eine weite Sicht gegen das Inntal auftut. Jetzt gehts über die Höllreise hinab in die Hölle und rechts (westlich) auf Weg 29 zum Hölltörl (2126 m, 1½ Stunden), von wo wir in 1500 Meter Entfernung bereits das Marienbergjoch (1789 m) sehen; eine gute halbe Stunde später sind wir auch schon dort (Gasthof). Hier können wir uns mit gutem Gewissen eine ausgedehnte Brotzeit und eine zusätzliche Halbe leisten, denn wenige Minuten unterhalb des Jochs auf der Biberwierer Seite können wir uns dem seit Sommer 1984 bestehenden Sessellift anvertrauen; er bringt uns in zwei Sektionen schmerzlos hinab nach Biberwier. Zurück nach Ehrwald entweder mit Bus oder auf dem Panoramaweg (1 Stunde).

Aussichtsbalkon Wannig

Der Wannig (2493 m) ist der westlichste Gipfel der Mieminger Kette und ein exzellenter Aussichtsberg mit atemberaubenden Tiefblicken in die Talkessel von Ehrwald (Norden) und Nassereith (Süden). Weiter im Süden die vergletscherten Berge der Ötztaler Alpen, im Norden der mächtige Felsklotz des Zugspitzmassivs. Und nicht zuletzt der Blick auf eine ungewöhnliche Urweltlandschaft, die einem hier zu Füßen liegt. Eine typische Thomalandschaft ist das, die durch einen gewaltigen, nacheiszeitlichen Bergsturz einst entstanden ist:

Der sogenannte Fernpaß-Bergsturz, Sein mächtigster Trümmerwall bildet den heute bekannten Paßübergang zwischen Garmisch-Partenkirchen und Oberinntal. Der Fernpaß-Bergsturz breitete sich gleich nach zwei verschiedenen Richtungen aus: 10,5 Kilometer nach Norden, bis über das heutige Ehrwald hinaus, und 15,5 Kilometer nach Süden, bis nach Tarrenz bei Imst. Die Bergsturzmasse hatte ein Volumen von tausend Millionen Kubikmetern und bedeckte eine Fläche von 14,5 Quadratkilometern. Durch dieses Naturereignis war sogar eine neue Wasserscheide entstanden, zwischen dem Loisachsystem im Norden und den Innzuflüssen im Süden. Im Lermooser Becken zwischen Ehrwald, Biberwier und Lermoos soll sich zunächst ein großer

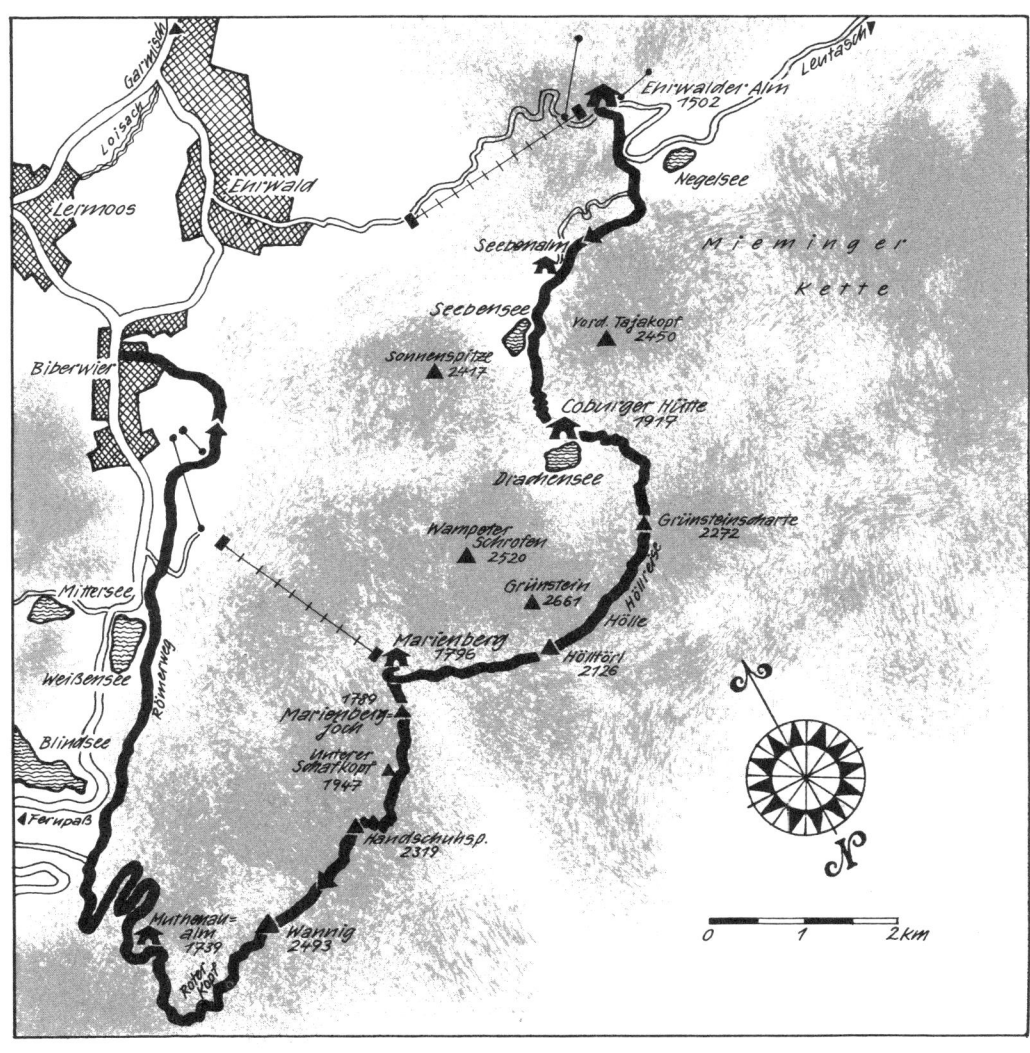

See aufgestaut haben, der als Durchbruch die Loisach entstehen ließ. Auch mit wenig Phantasie und naturgeschichtlichem Wissen kann man sich angesichts des flachen, weitgehend sumpfigen Lermooser Beckens vorstellen, daß sich hier ein großer See befand. Nirgendwo kann man sich von dieser ungeheueren Vergangenheit ein besseres Bild machen als vom Wannig.

Seine Überschreitung kann im Rahmen einer erlebnisreichen Rundwanderung bequem an einem Tag ausgeführt werden: Von Biberwier (1010 m) mit den beiden Sessellift-Sektionen bis zur Bergstation kurz unterhalb des Marienbergjochs (1789 m, Gasthof), das nach etwa fünfzehn Minuten erreicht wird. Vom Marienbergjoch auf Weg 30 südwestlich auf die Handschuhspitze (2319 m, 1½ Stunden) und in gleicher Richtung weiter über den teilweise brüchigen Verbindungsgrat in einer Stunde auf den Wannig. Hier müssen wir uns Zeit lassen für das großartige Panorama. Nun auf Weg 26 westlich hinab bis zur Weggabelung (1 Stunde); auf Weg 25 rechts weiter zur Muthenaualm (1739 m) und nördlich auf einem Forstweg durch den Maiswald; nach fünf Kehren rechts (nordöstlich) weiter zur Wegtafel; rechts weiter auf dem sogenannten Römerweg zum herrlich gelegenen Weißensee und rechts der Fernpaßstraße auf dem Lärchenweg hinunter nach Biberwier; insgesamt viereinhalb bis fünf Stunden.

Karte: Freytag-Berndt-Wanderkarte 1:50 000, Blatt 352 »Ehrwald-Lermoos, Reute, Tannheimer Tal«.

Die Schüsselkarspitze im Wettersteingebirge ist ein reiner Kletterberg mit etwa 30 Routen von III bis VIII, sehr lohnend ist der Westgrat (links, III), ganz links die Scharnitzspitze, vorn die Erinnerungshütte, an der ein schöner Wanderweg zur Gehrenspitze vorbeiführt.

Schüsselkarspitze in the Wetterstein mountains is purely for the mountaineer and has about 30 routes ranging in difficulty from III to VIII, the Western ridge proves to be very rewarding (on the left, III), on the extreme left Scharnitzspitze, in the foreground "memory" cabin. A beautiful path to the Gehrenspitze passes by this cabin.

Nächste Seite:
Morgenstimmung in den Mieminger Bergen bei Ehrwald (Tirol): im Hintergrund (Mitte) der Grünstein, rechts die Sonnenspitze, unten die Seebenalpe; etwa in dieser Stimmung erleben wir den ersten Teil unserer Wanderung durch die Mieminger Berge.

Following page:
Morning in the Mieming mountains near Ehrwald (Tyrol): in the background (in the centre) Mount Grünstein, on the right the Sonnenspitze, below the cottage at Seeben; this was the kind of atmosphere we experienced on the first part of our hike through the Mieming mountains.

Julische Riesen

Die »Julier«, wie die Julischen Alpen von ihren Liebhabern kurz genannt werden, sind ganz anders als alle anderen Alpengruppen. Sie sind gigantisch, schön und wild – die Julier sind einmalig. Die Julischen Alpen bilden den mächtigsten Ostpfeiler der Südlichen Kalkalpen und haben eine Ost-West-Ausdehnung von rund fünfzig Kilometern und eine Nord-Süd-Länge von durchschnittlich fünfzehn Kilometern. Heute gehört dieser Alpenteil fast ganz zu Jugoslawien.

Schon die römischen Schriftsteller der Antike bezeichneten diesen Teil der Alpen als Julische Alpen, offenbar nach der kleinen Siedlung Forum Julii, die sich auf dem Boden des heutigen Cividale in der Friauler Ebene befand, ein Name, der demnach auf das alte römische Patriziergeschlecht der Julier zurückgeht.

Da gibt es tiefe, romantische, einsame Täler, riesige Wandabbrüche, viel Wald und Wasser, reichen Wildbestand und eine zauberhafte Flora. Und es gibt eine Vielzahl von grandiosen Talabschlüssen, wie sie keine andere Alpengruppe auf so engem Raum besitzt. Ich meine hier Talabschlüsse wie etwa den des Engtales im Karwendel oder des Lauterbrunnentales in den Berner Alpen, im Auto erreichbar. Das Karwendel hat einen, die Berner Alpen haben zwei, der Kaiser einen – die Julier gleich acht, die schlicht und einfach atemberaubend sind: Vrata, Krnica, Planica, Fusine, Koritnica, Valbruna, Dogna, Trenta – und vielleicht kenne ich noch gar nicht alle. Würde man ein Buch machen über »die schönsten Talschlüsse der Alpen«, dann stünden die Julier mit Sicherheit an erster Stelle.

Wir unterscheiden zwischen Östlichen und Westlichen Juliern. Die geographische Grenze bilden das Tal des Raibler Sees (Lago di Predil), der Predilpaß sowie die Flußläufe von Koritnica und Soča (Isonzo). Der Westteil mit Wischberg (Jôf Fuart, 2666 m) und Montasch (Jôf di Montasio, 2751 m) als Hauptmassive gehört ganz zu Italien.

Höchster Berg der gesamten Julischen Alpen ist der Triglav (2863 m) im Ostteil. Die weiteren Hauptmassive der östlichen Julier sind Razor (2601 m), Prisojnik (2472 m), Jalovec (2643 m) und Mangart.

Aber auch weniger hohe Berge bieten in den Juliern dem Bergsteiger lohnende Ziele. Hier zählen nicht die Gipfelhöhen, sondern die ungewöhnlich großen Steilabbrüche, die in tiefen, meist lieblichen Tälern fußen. Tausendmeter-Wände gehören hier zum gewohnten Bild.

Und wie kaum eine andere Alpengruppe haben die Julier schier unbegrenzte Wandermöglichkeiten. Ein sehr dichtes Wegnetz, meist gut markiert und gesichert, bietet Routen für jedes Können. Sogar die genannten Hauptgipfel können auf bezeichneten Wegen erstiegen werden, von Tal zu Tal, von Gipfel zu Gipfel, von Hütte zu Hütte. Die »Transverzale Po Slovenskih gorah«,

Einer der acht großartigen Talschlüsse in den Julischen Alpen: Krnicatal mit Razor (links) und Prisank südlich von Kranjska gora (Kronau). Beide Berge können auf mehreren, teilweise gesicherten Wegen (Klettersteigen) bestiegen werden.

One of the eight really fabulous valley ends in the Juli Alps: Krnica Valley with Mount Razor (on the left) and Pisank south of Kranjska gora (Kronau). Both mountains can be climbed following routes some of which having rails for extra support.

die große Durchquerung der slowenischen Alpen von Maribor durch die Julier bis zur Adria, ist eine der großartigsten Wanderrouten der Alpen.

Sechzig Schutzhäuser und ein halbes Dutzend Biwakschachteln stehen dem Bergfreund zur Verfügung. Und noch etwas darf hier nicht unerwähnt bleiben: die slowenische Gastfreundschaft. Wer sie einmal erfahren hat, den zieht es immer wieder in jenes bergsteigerische Traumland.

Der Entdecker und Erschließer dieser Bergwelt ist Julius Kugy, 1858 in Triest geboren. Um seiner Verdienste willen hat ihm der slowenische Bergsteigerverband inmitten der Julier ein Denkmal errichtet. Kugy über seinen Lieblingsberg Triglav: »Es gab eine Zeit, wo ich immer wieder zu ihm zurückkehren mußte. Ich harrte auf seiner Spitze des Aufgehens der Sonne, sah sie von dort glorreich untergehen, verbrachte halbe Tage auf seinem Gipfel, und hätte ich damals gewußt, was ein Schlafsack ist, so hätte ich oben mehr als eine selige Nacht verträumt.«

Und weil der Triglav Jugoslawiens höchster Berg ist, wird er auch jeden Sommer von vielen Jugoslawen erstiegen. Er ist von Süden und Osten her durch zahlreiche Wege, gut markiert und teils mit Sicherungsanlagen versehen, bestens erschlossen; so gut, daß der Triglav von bösen Zungen wegen des reichlich verwendeten Eisenmaterials oft als »Stachelschwein« bezeichnet wird. Sieben Schutzhütten dienen als Stützpunkte für Besteigungen. Oft erweckt der »Dreiköpfige« (= Triglav, eine Gestalt aus der altslawischen Mythologie) an schönen Sommertagen den Eindruck, als wäre er eine Pilgerstätte. Denn die Normalrouten bieten keinerlei Schwierigkeiten. Kein Wunder, daß der Berg bereits 1778, als weder Montblanc geschweige denn Matterhorn bezwungen waren, von dem Apotheker Lorenz Willonitzer in Begleitung des Jägers Rozic und der Bergknappen Matthäus Kos und Lukas Korosec erstmals bestiegen wurde.

Die Eroberung der fast furchterregend aussehenden Nordwand ließ freilich länger auf sich warten: 1910 glückte die erste und heute auch leichteste Route. Jetzt gibt es über zwanzig Nordwandanstiege vom Schwierigkeitsgrad III bis VII. Da gibt es einen »Slowenischen Weg«, einen »Deutschen«, »Bayerländer«, »Oberkrainer« und sogar den »Langen Deutschen Weg«.

Massenauftrieb braucht man auf den Nordwandrouten nicht zu befürchten. Ganz bestimmt nicht auf den Spuren des Zlatorog, jenes sagenumwobenen Gnoms, durch die Nordwand. Denn die »Zlatorog-Bänder«-Route ist eine der ungewöhnlichsten, ja kuriosesten Kletterführen der Alpen: sie verläuft von Ost nach West quer durch die ganze Nordwand, bietet sehr schwierige Kletterstellen, ohne einen Gipfel zu erreichen; hier ist der Weg das Ziel, im wahrsten Sinne des Wortes.

Einige der schönsten Wander- und Kletterrouten wage ich bei den Juliern gar nicht erst auszuwählen – weil man das bei diesem Überangebot gar nicht kann, ohne sich großer Kritik auszusetzen.

Julier? Führer und Karte gekauft – ab in Richtung Julier!

Führer/Karten: »Julische Alpen« von Hellmut Schöner und »Kleiner Führer«, beide BV München; »Slowenische Berg-Transversale« von I. Šumljak, Ljubljana 1979; Klettersteigführer Julische und Steiner Alpen mit Karawanken und Karnischem Hauptkamm, BV.

Freytag-Berndt-Wanderkarte 1:100 000, Blatt 14 »Julische Alpen« mit Kurzführer.

Zauberwelt Dolomiten

Dolomiten, Bergland der Superlative: größtes zusammenhängendes Kalkgebirge mit den meisten Dreitausendern, Bergbahnen, Bergstraßen und Pässen, Wanderwegen, Klettersteigen und Kletterrouten bis zum VIII. Schwierigkeitsgrad, den meisten unglaublichen Nadeln und Türmen – und ganz bestimmt auch den meisten Besuchern – leider. Aber landschaftliche Schönheit kann nicht im Verborgenen bleiben, sie will bewundert und geliebt werden, immer wieder.

Die gesamten Dolomiten haben eine Ost-West-Länge von etwa 150 Kilometern, eine Nord-Süd-Breite von etwa siebzig Kilometern und sind aufgeteilt in drei Hauptgebiete: Brenta-Dolomiten; Westliche Dolomiten zwischen Eisack-Etschtal (Westen) und Linie Gadenertal-Corvara-Arabba-Alleghe-Agordo; östlich davon logischerweise die Östlichen Dolomiten. Die ganze Berglandschaft ist schließlich auch noch in drei Provinzregionen aufgeteilt: Bozen, Belluno und Trento, aber diese Provinzgrenzen haben für den Bergfreund keinerlei Bedeutung. Zu guter Letzt gibt es in den Dolomiten auch noch drei Sprachräume: Deutsch, Ladinisch, Italienisch.

Kein Alpengebiet ist so perfekt erschlossen wie die Dolomiten – in verschiedenen Bereichen ist leider schon eine technische »Übererschließung« zu beobachten. Der höchste Dolomitenberg ist die Marmolada (3342 m), auf deren Gipfel sich sogar eine kleine Hütte und nahe des Wintergipfels (Punta di Rocca, 3305 m) eine Seilbahnstation mit Restaurant befinden.

Die Dolomiten sind ein wahres Zauberreich für jeden Berg- und Skifreund; abgesehen von großen Eiswänden, die man hier nicht zu suchen braucht, bieten sie einfach alles. Aber der französische Naturforscher Déodat Dolomieu (1750–1801), der 1791 als erster die Zusammensetzung des Kalkgesteins dieser Felslandschaft beschrieben hat und dessen Namen sie trägt, wäre beim heutigen Anblick »seiner« Berge sicher fassungslos.

Ich habe zusammengerechnet über zwei Jahre meines Lebens in den Dolomiten verbracht, vor allem erlebt: Im Frühjahr, Sommer und Herbst, auf hinreißend schönen Wanderungen, auf schwindelerregenden Klettersteigen, wie sie nirgendwo eindrucksvoller zu begehen sind; auf leichten und äußerst schwierigen Kletterrouten, und im Winter als Pistengenießer, Langläufer, Skitourenfahrer, als Bergsteiger in tief verschneiten Wänden; mit Freunden, oft mit Italienern und Südtirolern. Herrliche Jahre, bezaubernde Wochen und Monate, Tage unendlichen Glücks, aber auch Tage und Stunden der Härte, des Abenteuers.

Nirgendwo in den Alpen erlebt man eine so bizarre Hochgebirgswelt so bunt und so heiter wie in den Dolomiten, und einen so unentwegten Wechsel des Landschaftsbildes mit seinen gigantischen und oft wieder filigranen Kulissen. Und es vergeht kein Bergjahr, ohne nicht mindestens eine Woche in den

Dolomiten verbracht zu haben. Trotz der Schatten, die sich zu bestimmten Zeiten über die Dolomiten legen, wenigstens in einigen Gruppen. Und es wäre eine fromme Lüge, über diese hinreißende Berglandschaft eine uneingeschränkte Lobeshymne anzustimmen.

An »Ferragosto«, den Augustferientagen um Mariä Himmelfahrt, erlebt man in manchen Dolomitengruppen reinsten Alpenhorror. Da kommen die Italiener in Scharen und Massen wie skandinavische Berglemminge auf ihrem Todeszug, nur daß sie nicht wie diese alle drei oder vier Jahre auftauchen, sondern jeden August. Aber das weiß man. Und wenn man sich ein wenig Gedanken macht, braucht man diesen Heerscharen gar nicht zu begegnen. Brenta-, Zinnen-, Rosengarten- und Sellagruppe sowie die Marmolada-Nordseite muß man in der Ferragosto-Zeit einfach meiden. In der Civetta-, Bosconero-, Schiara- oder Marmarolegruppe ist es mindestens so schön und vor allem viel ruhiger.

Und außerdem gibt es in den Dolomiten auch noch eine »fünfte Jahreszeit« – den Spätherbst. Bis 1982 glaubte ich, die Dolomiten zu kennen wie wenig andere. Da war dann jener wunderbare Altweibersommer ins Land gekommen – und ich trieb mich eine knappe Woche lang in den Dolomiten herum. Das war – Anfang November – eine wahre Offenbarung von Schönheit und Farbe. Natürlich braucht man sich da keine Gipfelziele mehr vorzunehmen – in dieser Zeit kannst du nur schauen und bewundern. Spätherbst in den Dolomiten – das ist es. Die spätherbstlichen Dolomiten gehören zu meinen glücklichsten Bergtagen überhaupt.

Wo die Dolomiten am schönsten sind? Die Frage wurde mir oft gestellt, von Freunden, Lesern, nach Lichtbildervorträgen. Und die Antworten waren nie endgültig. Einmal war ich in die Zinnen verliebt, dann in die Civetta, Jahre später in die Pala und Brenta und Sella. Und jede Gruppe war für mich ein Stück Zauberwelt.

Geliebte Pala

Diese unglaubliche Felsenwelt mit ihren Kontrasten, wie sie kein Dichter verständlich machen könnte, läßt den, der sie kennt, nie wieder los. Den Begriff *Pala* kennen wir auch von Bergen in anderen Dolomiten-Gruppen, zum Beispiel in der Schiara. Seine Bedeutung ist für die Palagruppe wohl die unzutreffendste, die man sich nur denken kann: Pale sind steile Rasenflanken am jeweiligen Fuß eines Felsberges; meist schroffendurchsetzte Steilwiesen, auf denen sich nur Schafe und Ziegen – und natürlich auch Gemsen – ihr Futter holen können.

Diese schwindelerregenden Hochweiden waren für die Bauern in den Tälern rund um die Palagruppe sehr wichtig, lebenswichtig. Denn vor hundertzwanzig Jahren hatte man in den Palabergen noch keinen Bergsteiger gesehen, es gab keinerlei Fremdenverkehr. Die Bauern waren arm, ohne ihre Ziegen und Schafe hätten sie nicht existieren können. Etwa um diese Zeit bestand das heute berühmte San Martino di Castrozza aus einem Benediktiner-Kloster. Und die phantastisch geformten Berge, die uns heute begeistern, waren für die Leute im Tal alles andere als begeisternd. Sie gerieten in Angst, wenn sie Lawinen donnern oder Steinschlag krachen hörten und dachten an böse Geister, die nach ihrer Phantasie in den Bergen ihr Unwesen trieben.

Das ist alles noch gar nicht so lange her. Bis dann in den siebziger Jahren des letzten Jahrhunderts die englischen Bergsteiger und Alpenforscher kamen und die Palaberge als außergewöhnlich schön und wild bezeichneten und darüber berichteten. Kein Wunder. Denn man braucht nicht unbedingt Bergsteiger zu sein, um den Blick von der Baita Segantini beim Rollepaß hinauf zur kühn gebauten Gestalt des Cimone della Pala als wahren Naturgenuß zu empfinden; oder von San Martino aus an der Cima della Madonna das Spiel von Licht und Schatten zu beobachten; oder im hintersten Val di San Lucano, im Schatten des gewaltigen Monte Agnèr, zu schauen und zu träumen.

Und dabei gehört die Palagruppe noch zu jenen Dolomiten-Gebieten, die noch nicht komplett übererschlossen und hoffnungslos überlaufen sind. Sie glauben das nicht? Dann fahren Sie einmal hinein durchs Val di Garès zu dem gleichnamigen Dörfchen. Bald haben Sie dann den Eindruck, die Welt wäre hier zu Ende, und die Zeit hätte vor fünfzig Jahren aufgehört, ihre Runden zu machen. Und außerdem gibt es zu meiner und sicher auch vieler anderer Palaliebhaber Freude eine Reihe von Hütten, die noch zwei Stunden Aufstieg kosten und richtige Bergsteiger-Hütten geblieben sind. Da kannst du noch mit dem Wirt reden, übers Bergsteigen, übers Wetter und über Gott und die Welt. Die Welt der Palagruppe ist also noch weitgehend in Ordnung, wenn man von einigen wenigen Rummelplätzen absieht.

Ich habe die Gipfelwelt der Pala im Sommer und Winter erlebt. Sie hat mir viele Erlebnisse und Abenteuer geschenkt. Auf genußreichen und schwierigsten Kletterrouten, auf herrlichen Wanderwegen, deren Vielzahl hier unmöglich aufgeführt werden kann. Pala? Ein ganzes Bergsteigerleben reicht nicht aus, um sie vollkommen zu ergründen. Weil es in dieser bizarren Felswelt so viele Plätze und Wege und Routen gibt, die man neben neuen Entdeckungen auch wieder besuchen und erleben will. Und in der Pala kannst du noch einsame Wege erleben.

Vor wenigen Jahren wieder einmal in San Martino. Daran war Enrico Kinsberger schuld. Enrico, ein junger, hervorragender Bergsteiger, der das Rifugio Pradidali bewirtschaftet. Im Rahmen des Internationalen Alpinistentreffens in Trento hatten wir uns kennengelernt. Ob ich den Buhlriß an der Cima Canali schon geklettert sei, wollte Enrico wissen. Den Buhlriß kannte ich noch nicht. Ein Handschlag für den Buhlriß.

Dann gab es einigen Ärger. Schon am Sessellift zum Col Verde. Da erfuhr ich, daß die Rosetta-Seilbahn gerade überholt werde. Neben mir eine junge Schweizerin mit Rucksack, die sich wie ich ärgerte. Bald waren wir eine Leidensgemeinschaft. Elisabeth aus Zürich war dreiundzwanzig und studierte Geologie; die Pala sei geologisch hochinteressant, sagte sie, als wir mit den schweren Rucksäcken vom Col Verde die sechshundert Höhenmeter zur Rosetta-Hütte hinaufkurvten. Bald waren wir aber begeistert, daß die Rosetta-Bahn nicht verkehrte, denn der Weg führt durch eine wildromantische Felslandschaft.

Am Spätnachmittag waren wir in der Pradidali-Hütte. Enrico habe unerwartet als Führer aufbrechen müssen, erfuhr ich. Also kein Buhlriß. Da begeisterte ich Elisabeth für den »Schleierweg«, den Klettersteig. Aber das »Liesele«, wie ich sie nannte, war noch nie auf einem Klettersteig gewesen. In zwei Stunden, sagte ich, sei alles vorbei. Elisabeth zeigte ausgesprochenes Talent und ging den Schleierweg wie einen Spaziergang auf der Züricher Bahnhofstraße.

Oben, von der Scharte aus, sahen wir Sass Maor und Cima della Madonna.

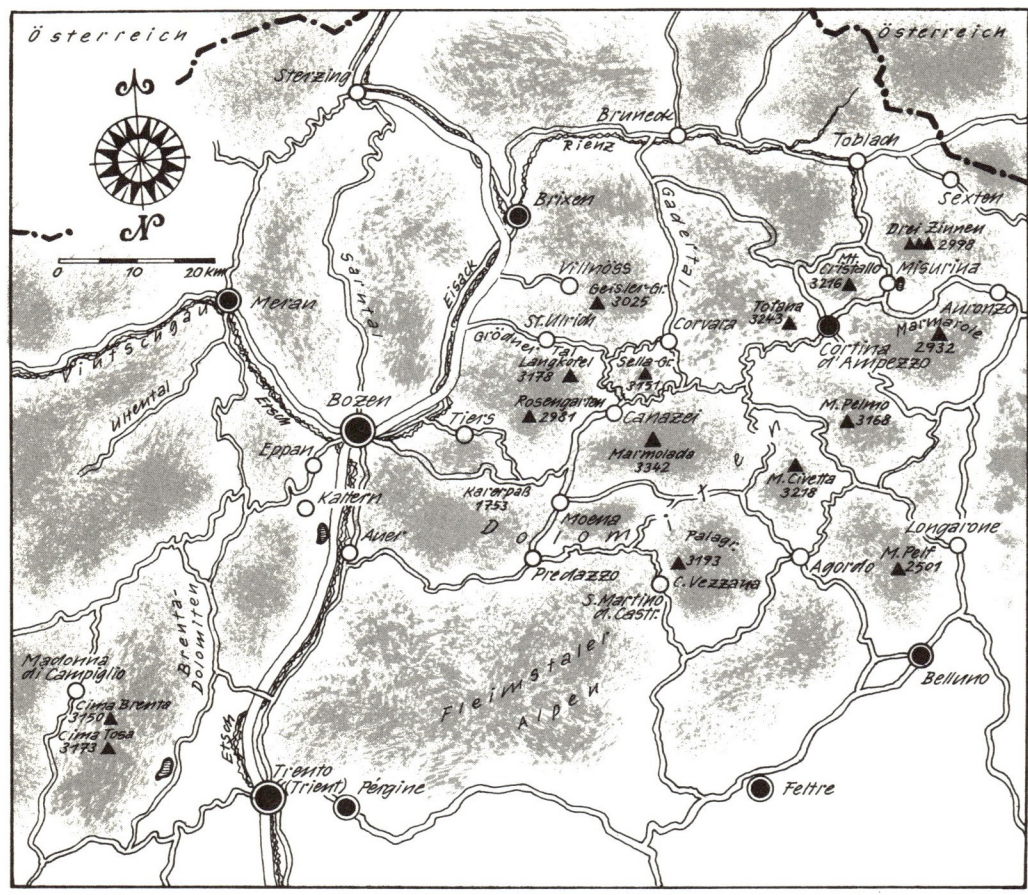

Eine herrliche Schau. Auf dem Schleierweg abzusteigen, erschien mir plötzlich einfallslos. So richtig aus dem Stegreif kam die Idee, Sass Maor und Madonna zu umrunden. Laut Tabaccokarte war das ein kleiner Fisch. Aber die Madonna-Runde erwies sich – ohne einen Bissen Proviant – als Riesending. Der Tausend-Höhenmeter-Abstieg zur Pradidali-Hütte sorgte für den Rest. Das war die sogenannte »Madonnarunde«.

Es glich dann einem Wunder, daß sich die Kleine erneut überreden ließ: sie schaffte die Südostkante der Cima Pradidali, die zwar eigentlich nur ein »Dreier« ist, für uns aber ein ausgewachsener Fünfer war, weil der Kamin im Mittelteil vereist war und links umgangen werden mußte. Elisabeth war bedient: »Das mach' ich nie mehr«, sagte sie auf dem Gipfel. Abends schwärmte ich dann über den Gran Pilaster der Pala di San Martino, daß er nur III–IV sei und zu den schönsten Routen der Alpen gehöre. Aber ich kannte ihn auch noch nicht – Schande. Am nächsten Tag standen wir auf der Pala di San Martino. »Der Pilaster isch wirklich bäumig«, sagte Elisabeth. Aber ich konnte nicht verstehen, daß man eine solche Traumroute heute noch allein genießen kann. Erst der Abstieg über den langen Verbindungsgrat zur Pala-Hochfläche klärte das Rätsel auf. Denn der Grat mit seinen fünf Türmen ist eine Tour für sich. Besonders dann, wenn man die Beschreibung für den Abstieg von hinten nach vorn lesen muß. »Das mach' ich nie mehr«, sagte Elisabeth noch einmal.

Enrico, der mich versetzt hatte, verdanke ich ungewöhnlich schöne Pala-Tage auf einsamen Wegen – danke, Enrico.

Weil die Madonnarunde in keinem Führer zusammenhängend beschrieben ist, will ich sie hier skizzieren, denn sie ist einmalig schön: Die Umrundung des Doppelmassivs mit Cima della Madonna und Sass Maor bildet eine wahre grandissima Klettersteigkombination, wie man sie in ihrer abwechslungsreichen Großartigkeit auch in den Dolomiten, dem klassischen Klettersteigparadies, nur selten erleben kann. Die Runde ergibt sich aus dem Klettersteig »Schleierweg« (»via ferrata del Velo«) und Jägersteig (»Sentiero dei Cacciatori«) und erfordert sechs bis acht Stunden. Es handelt sich um normales Klettersteiggelände, gut gesichert und bezeichnet, mit einigen ausgesetzten Stellen. Ablauf: Rifugio Pradidali – Schleierweg – Rifugio del Velo (neu) – Passo della Stanga – Jägersteig – oberstes Val Pradidali – Rifugio Pradidali.

Achtung: Im Klettersteigführer »Westliche Dolomiten« ist ab Rifugio del Velo (dort noch als Biwakschachtel bezeichnet) der Klettersteig Dino Buzzati beschrieben, auf der Skizze jedoch der klassische Jägersteig eingezeichnet, so daß Verwirrungen entstehen können. Der Sentiero del Cacciatori ist eine sehr alte Steiganlage, die schon in den zwanziger Jahren bestand, als der Begriff »ferrata« noch gar nicht bekannt war.

Stützpunkte: Am besten Rifugio Pradidali (2278 m), CAI-Treviso, 24 Betten, 34 Lager, bewirtschaftet vom 20. 6. bis 20. 9.; zweieinhalb Stunden aus dem Val Canali (Fiera di Primiero), zwei Stunden von der Rosetta-Hütte (Rosetta-Seilbahn, San Martino di Castrozza). Man kann die Wanderung natürlich auch von dem neuen Rifugio del Velo am Fuß der Cima della Madonna oder vom Rifugio Cant del Gal im oberen Val Canali aus beginnen; von der Pradidali-Hütte aus vollzieht sich die Rundtour jedoch am logischsten:

Zuerst schlägt uns der rassige Schleierweg in seinen Bann. Vom Rifugio Pradidali westlich kurz hinauf. Heikler Abstieg in tiefe, meist mit Altschneeresten gefüllte Rinne, die zum Beginn der eigentlichen Sicherungsanlagen gequert wird (heikel). Man folgt den Sicherungen (Eisenklammern, Drahtseile) zuerst steil nach oben, dann linkshaltend (Leitern) und schließlich nach links querend, um in die breite, mit Geröll und Schroffen durchsetzte Schlucht zwischen Cima di Ball und dem Sass-Maor-Nordausläufer zu gelangen. Durch die Schlucht auf Steigspuren hinauf zum Beginn einer nach links hochziehenden Schluchtrinne, die – von unten gesehen – durch ein großes, vorgelagertes Felsschild verdeckt ist. Durch die Rinne hinauf (herabhängendes Drahtseil) in die Scharte (ca. 2400 m), von der sich ein imposanter Blick gegen Sass Maor und Cima della Madonna auftut; eineinhalb Stunden. Kurz unterhalb westlich der Scharte Weggabelung: rechts Abstieg nach San Martino di Castrozza (bei Schlechtwetter!). Wir benützen den linken Weg, um an den Fuß der Cima della Madonna zu gelangen.

Der Weg verwandelt sich nach Durchschreiten des Hochkars in einen ausgesetzten und durchaus anspruchsvollen Klettersteig, der uns den Abstieg zum Fußpunkt der berühmten Schleierkante an der Cima della Madonna ermöglicht und kurz danach zum neuen Rifugio del Velo (ca. 2260 m) bringt (die Hütte wurde 1980 erbaut und 1981 eingeweiht); eineinhalb Stunden von der Scharte (drei Stunden vom Rifugio Pradidali). Nun südöstlich auf gut markiertem Weg, vorbei an den wenig bekannten Südabstürzen von Sass Maor und Cima della Madonna, hinauf zum Grat zwischen Passo della Stanga (ca. 2500 m) und Cima della Stanga (2537 m); eine Stunde vom Rifugio del Velo. Von hier ist ein ungewöhnlicher Tiefblick ins 1400 Höhenmeter tiefer gelegene Val Canali geboten.

Abstieg östlich auf Steigspuren über steile, schroffendurchsetzte Rasenhänge; nach wenigen Minuten zweigt rechts der Dino-Buzzati-Weg ab (gut gekennzeichnet). Wir steigen weiter gerade hinab in das Hochkar, um auf dem nun gut ausgeprägten, bezeichneten und teilweise gesicherten Jägersteig durch eine urweltlich anmutende Felslandschaft in unmittelbarer Nähe der Sass-Maor-Ostwand – stets linkshaltend – in das oberste Val Pradidali abzusteigen und den Zugangsweg zur Pradidali-Hütte zu erreichen; zwei Stunden vom La-Stanga-Grat. Die letzten eineinhalb bis zwei Stunden hinauf zur Pradidali-Hütte kann man vergessen (wenn man nicht gleich zum Rifugio Cant del Gal im Val Pradidali absteigt).

Karten: Kompaß-Wanderkarte 1:50 000 »Pale di San Martino« oder Tabacco-Wanderkarte (Blatt 4) oder Carta d'Italia, Blatt »San Martino di Castrozza« (beide 1:50 000); leider sind alle unzureichend.

Montanaia

Zu meinen Lieblingsplätzen gehört das wilde Val Montanaia in den östlichsten Dolomiten jenseits (östlich) der Piave. Die eigenwillige Gestalt des 200 Meter hohen, im Montanaia-Kar aufragenden Campanile di Val Montanaia (2171 m) erweckt den Eindruck, als hätte hier der Schöpfer das Beispiel eines vollkommenen Turmes hinterlassen wollen. Der weitgereiste Alpenmaler Edward T. Compton (1849–1921) nannte den Campanile den »unlogischsten« Berg, den er je gesehen habe.

Das Val Monatanaia ist ein verstecktes, nördliches Seitental der zwanzig Kilometer langen Valle Cimoliana. Früher war es von Cimolais durchs Cimolianatal ein weiter Weg zum Campanile in der Monfalconegruppe. Heute kann man bis kurz vor die Pordenonehütte bei der Mündung des Val Montanaia im Pkw fahren, dann sind es hinauf bis ins Montanaiakar nur noch eineinhalb Stunden. Und wenn man um die letzte Talbiegung kommt, steht dieser Einsame plötzlich da – ungestüm, begeisternd. Umgeben von Bergwiesen und einigen Schuttflecken, frei aufragend. Fast von allen Seiten wirkt der Campanile wie eine riesige Schachfigur, ringsum bewehrt mit einem Felsbauch.

Für die Zeit um die Jahrhundertwende war der Campanile eine Art Symbol des Unmöglichen. Die erfolggewohnten Trientiner Napoleone Cozzi und Alberto Zanutti mußten sich am 7. September 1902 nach zwei gescheiterten Versuchen in der Westwand und Südwand mit dem Unmöglichen abfinden. Tage danach trafen die beiden in Cimolais mit den Österreichern Viktor von Glanvell und Karl Günther Freiherr von Saar zusammen. Im nächsten Jahr wollten sie, Cozzi und Zanutti, wiederkommen, mit Leitern und Haken. Der »Knödel« – jener bauchige Überhang – könne anders nicht bezwungen werden. Die Österreicher wollten sich diesen »Knödel« genauer ansehen – und meisterten die Südwand auf Anhieb, die heute noch mit dem IV. Schwierigkeitsgrad bewertet wird.

Aber um die Montanaia-Welt zu erleben, braucht man nicht unbedingt die nur dem geübten Kletterer zugänglichen Führen des verrückten Campanile zu durchsteigen – es genügt schon, das Montanaia-Kar zu besuchen und dort einige Stunden zu verbringen. Du wirst dann – wie ich – bald wieder den Wunsch haben, nach Montanaia zurückzukehren.

Erstes Morgenlicht in der Langkofelgruppe beim Sellajoch (von rechts): Langkofel, Fünffingerspitze, Grohmannspitze, die alle nur von Kletterern bestiegen werden können. Dafür führen über die schönen Almwiesen gefahrlose Wanderwege.

First light in the Langkofel group near the Sellajoch (from the right): the Langkofel, Fünffingerspitze, Grohmannspitze. All of these can only be climbed by the mountaineer. For the rambler there are completely safe paths leading across the beautiful alpine pastures.

Nächste Seite: Die Marmolada, »Königin der Dolomiten« von Norden. Über ihren Westgrat (rechts) führt ein Klettersteig, am Grat links endet die Marmolada-Seilbahn, unten der Fedaiasee.

Following page: Marmolata "Queen of the Dolomites", from the north. There is a route passing over her western ridge (on the right). At the ridge on the left Marmolata's cable railway ends, below Lake Fedaia.

Zinnen

Die Drei Zinnen waren Ende der vierzige Jahre meine ersten Dolomitenberge. Und es wurden Monate, die ich in ihrem Schatten verbrachte, an ihren Kanten und Wänden. Sie gehören zu den großartigsten Schaustücken der Alpen. Besonders eindrucksvoll ist der Blick von Norden. Genau genommen sind es fünf Zinnen: Westliche (2973 m), Große (2999 m), Kleine (2857 m), Punta di Frida (2792 m) und Kleinste Zinne (2700 m, Cima Piccolissima oder Preußenturm). Die von Ost nach West verlaufende Gipfelkette bildet gleichzeitig die Grenze zwischen den Provinzen Bozen (Norden) und Belluno (Süden). Im Norden steht die Zinnenhütte, am Ostfuß der Kleinen Zinne die Lavaredohütte, am Südfuß der Westlichen Zinne das Rifugio Auronzo, Endpunkt der Mautstraße von Misurina.

Die 550 Meter hohe Nordwand der Großen Zinne ist längst in die Alpinismus-Geschichte eingegangen. Nach hartnäckigen Versuchen der damals besten Seilschaften glückte die Erstbegehung am 13. und 14. August 1933 den Italienern Emilio Comici aus Triest und den Brüdern Angelo und Giuseppe Dimai aus Cortina d'Ampezzo. Bereits fünf Jahre später führten die Wiener Fritz Kasparek und Sepp Brunhuber die erste Winterbegehung aus. Von 1958 bis 1977 wurden vier weitere Routen eröffnet, ihre bedeutendste ist zweifellos die »Direttissima«, die Dietrich Hasse, Jörg Lehne, Siegfried Löw und Lothar Brandler eröffneten (6.–10. Juli 1958). Aber die Comici-Route ist immer noch beliebtester Nordwandanstieg der Großen Zinne – für Könner.

Aber so schön und imposant die Drei Zinnen auch sind – der Normalbergsteiger muß sich mit ihrem Anblick begnügen. Denn wirklich schöne Kletterrouten bis zum III. Grad gibt es keine; die Normalrouten sind langweilig und ständig steinschlagbedroht. Da ist es schöner, viel schöner, die Drei Zinnen als Wanderer zu umrunden – ein großartiges Vergnügen von höchstens drei Stunden.

Marmolada

Vom Sella- oder Falzaregopaß aus sieht man sie als riesigen Eisberg, dessen Firnenglanz den Beschauer blendet – die »Königin der Dolomiten«. Von der Civetta aus aber glaubt man im Nordwesten eine kühn gebaute Riesenburg zu sehen, ihre Zinnen scheinen mit Silber eingefaßt zu sein, gegen Süden bricht sie mit haltlosen, bis zu 800 Meter hohen Wänden ab. So kennt sie der bergsteigende Dolomitenfreund.

Die Marmolada wurde am 28. September 1864 erstmals bestiegen. Von dem Wiener Dolomiten-Erschließer Paul Grohmann, begleitet von den Führern Angelo und Fulgenzio Dimai. Drei Bergsteiger-Generationen haben sich an diesem »vollkommenen Berg«, wie er zuweilen genannt wird, gemessen. Paul Grohmann, der Erstbesteiger, beschrieb »seinen« Berg sehr treffend: »Selten wird ein Berg auf seinen zwei Abdachungen einen so gänzlich verschiedenen Charakter zur Schau tragen wie die Marmolada. Während sie im Norden, gegen Fedaia, auf jener Seite, die die Fremden fast ausschließlich kennenlernen, ein weites Gletschergefilde trägt, fällt sie gegen Süden, gegen Ombretta und Contrinthal, in furchtbaren, mauerartigen Felswänden ab, die den Übergang durch Ombretta und Contrin zu einem der großartigsten Wege in diesem Alpentheile machen.«

Heute gibt es an der Marmolada an die hundert Routen von I bis VIII, leider aber nur ganz wenige im unteren Schwierigkeitsbereich. Der Westgrat ist ein beliebter Klettersteig (4 Stunden vom Contrinhaus). Wirklich schön und vor allem landschaftlich eindrucksvoll ist die Ost-West-Überschreitung beider Gipfel (II), ausgehend von der Seilbahn-Bergstation und Abstieg über den gesicherten Westgrat (gesamt 2½–3 Stunden).

Am reizvollsten und abwechslungsreichsten kann der Bergwanderer die Marmolada erleben. Auf einer zweitägigen Umrundung, die gefahrlos ist und zu den schönsten Dolomiten-Wanderungen gehört: Alba/Canazei – Contrinhaus (1½ Stunden) – Ombrettapaß (2½ Stunden); von hier kann die Cima Ombretta, ein sehr lohnender Aussichtsberg, ohne Gefahr bestiegen werden (1½ Stunden) – Falier-Hütte (1 Stunde) – Malga Ciapela (1 Stunde) – Fedaiasee (1 Stunde) – Bindelweg (2½ Stunden) – Canazei (Seilbahn); in umgekehrter Richtung ist die Wanderung genauso schön (Nächtigung am besten in Malga Ciapela (Hotels). – Was auch immer an der Marmolada unternommen wird – stets wird man als Bergfreund sein Vernügen haben.

Jetzt müßte noch der Civetta eine Seite gewidmet werden und den Tofanen, dem Rosengarten und Langkofel – und mehrere der Brenta. Dann würden immer noch Sella und Geisler, Petiler- und Heiligkreuzkofel fehlen . . . Die Zauberwelt der Dolomiten ist unerschöpflich, ein Bergland, für das du mehrere Leben brauchst.

Führer/Karten: Es sind zu viele, um sie hier einzeln aufführen zu können (allein über 20 Führer); Tip: die kostenlose Broschüre »Berggruß« bestellen (Bergbuchhandlung Rudolf Rother, Postfach, D-8000 München 19), schon hat man alle Titel und Preise sämtlicher Alpenführer und Karten.

Wandern im Schatten des Monte Pelmo

Der Monte Pelmo (3168 m) in den östlichen Dolomiten (Provinz Belluno) gehört zu den größten und imposantesten Bergmassiven der gesamten Dolomiten. Er schließt das ungewöhnlich schöne und wildromantische Val Fiorentina – ein östliches Seitental des Cordevoletales im oberen Bereich – ab und ist nordöstlicher Nachbar der noch mächtigeren Civetta. In das Fiorentinatal gelangt man von Norden am besten über Corvara und Campolongopaß, um nach Arabba und östlich weiter ins Cordevoletal zu fahren. Eine weitere Straßenverbindung besteht von Cortina d'Ampezzo: zuerst in Richtung Falzaregopaß, nach 6 km links ab und hinauf auf den Passo Giau, von dem direkt die Straße nach Selva di Cadore hinabführt; auf dieser Route brauchte man früher gute Nerven, denn die steile und kurvenreiche Straße war schmal und an vielen Stellen sehr ausgesetzt; Anfang der achtziger Jahre wurde sie modern ausgebaut. Selva di Cadore ist Hauptort des Hochtales, im Zentrum die S. Lorenzo-Kirche mit wertvollen Freskomalereien von Antonio Rossi aus dem 15. Jahrhundert.

Von Selva zum Pelmogipfel sind es rund 8 km (Luftlinie). Westlich des Pelmo-Hauptmassivs ist die Forcella Staulanza (1766 m) eingelagert; über sie führt die Autostraße ins Zoldotal und weiter in das Piavetal. Die 800 Meter hohen Nordabstürze des Pelmo können nur von erstklassigen Bergsteigern angegangen werden; der Fels ist teilweise brüchig und verschiedentlich äußerst schwierig. Über die Südostseite hingegen führt ein leichter Anstieg. Es ist die Route des englischen Alleingehers und Alpenpioniers John Ball, der 1857 erstmals den Gipfel betrat – der erste wirklich große Dolomitengipfel, den Menschen erreichten. Immerhin müssen 1200 Höhenmeter überwunden werden. Das kostet von der Venezia-Hütte (1946 m) am Ostfuß des Berges gut 5 Stunden; ein Ziel für trittsichere und absolut schwindelfreie Geher, auch wenn nur eine Stelle Schwierigkeiten des II. Grades aufweist, sonst I. Die Route besteht auf langen Strecken als ausgetretener Steig, der kaum zu verfehlen ist. Südlich des Hauptmassivs der Pelmetto (2993 m), der Kleine Pelmo. Über Selva und Forcella Staulanza verläuft auch der »Dolomiten-Höhenweg Nr. 1« vom Pustertal nach Belluno.

Wer für diese großartige vierzehntägige Wanderung keine Zeit hat, sollte wenigstens der beeindruckenden Pelmo-Runde einen oder – besser – eineinhalb Tage widmen:

Von der Forcella Staulanza (Parkplätze) auf Weg 472 entlang der Pelmo-Südabstürze zum Rif. Venezia (65 Lager und Betten) in herrlicher Lage, 2½ Stunden; am besten Nächtigung. Dann auf Weg 480 nördlich steil hinauf, teilweise ausgesetzt, jedoch gesichert, und mit kurzem Zwischenabstieg zur Forcella d'Arcia (2476 m); wilde Felslandschaft. Westlich der Scharte rechtshaltend hinab, zuletzt durch Schuttrinne, bis zur Abzweigung nach links, auf

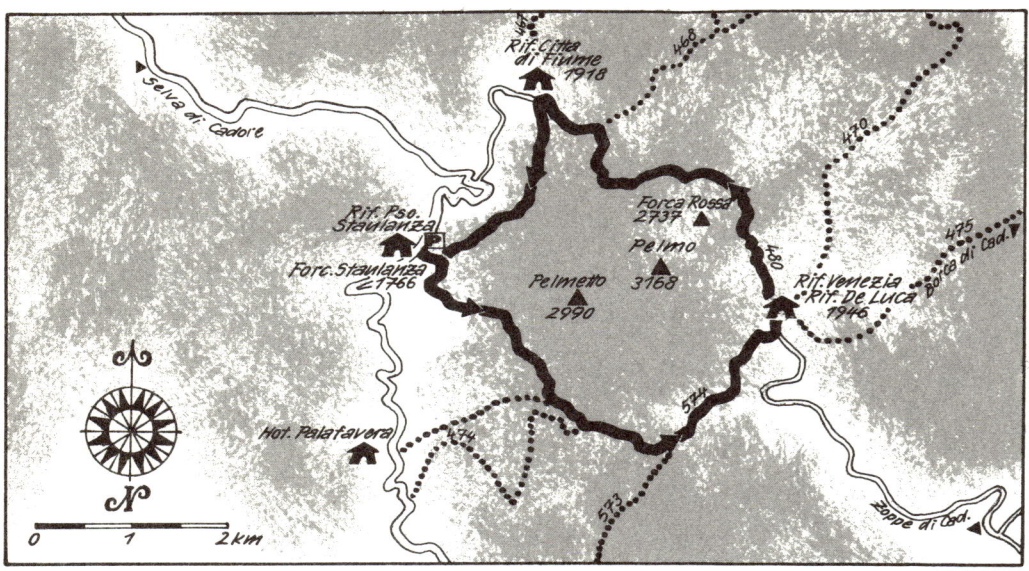

der bald der Weg 472 erreicht wird; auf ihm fast waagrecht zum Ausgangs-
punkt Forcella Staulanza, 3½ bis 4½ Stunden von der Venezia-Hütte.

Führer: AVF »Dolomiten-Pelmo« von Richard Goedeke, mit Karte 1:50 000,
BV 1981; für die Pelmo-Rundwanderung allein genügen obige Angaben.
Karte: Freytag-Berndt-Wanderkarte 1:50 000, Blatt 55 »Cortina d'Ampezzo-
Marmolada-St. Ulrich«.

Bergparadies Engadin

Das Engadin ist für mich eine Art zweite oder dritte Heimat. Viele Gipfel sind mir vertraut, im Sommer und Winter. Und ich habe das ganze Tal und fast alle seine Seitentäler durchwandert. An den meisten der vielleicht hundert Seen habe ich gerastet und in den Engadiner Himmel geschaut, in einen Himmel mit einer Blauskala, die unergründlich ist. Dieses Tal und Bergland am jungen Inn, wo ich viele Freunde habe, wo ich ungezählte Abenteuer bestanden habe, als Bergsteiger und Wildwasserfahrer, als Langläufer, Skitourenfahrer und Drachenflieger. Bestimmt sind es über drei Jahre, die ich hier gelebt und erlebt habe – Jahre, die zu den glücklichsten meines Erdendaseins gehören.

Es mutet vielleicht etwas versponnen an, in einer Zeit, in der es im Alpinismus fast nur noch Achttausender, den VIII. Schwierigkeitsgrad und übermenschliche Superleistungen zu geben scheint, über ein Alpental zu schwärmen. Aber wenn man als Bergsteiger die ganzen Alpen und die großen Gebirge unserer Erde kennengelernt hat, dann wird man irgendwann ganz unbemerkt zum Naturfreund, der sich mehr und mehr vom Spektakulären und Gigantischen abwendet, um das Detail, die liebenswerten Kleinigkeiten einer ausgewählten Landschaft zu ergründen und zu verstehen.

Das Engadin ist das größte und längste besiedelte Alpental in dieser Höhenlage. Vom Malojapaß (1815 m) bis Vinadi (1086 m) an der Grenze zu Österreich (Tirol) mißt das Tal rund hundert Kilometer und hat einen Höhenunterschied von 729 Metern, was etwa der relativen Höhe des Wendelsteins ab Sudelfeld entspricht.

Die Seenkette des Oberengadins ist einzigartig in den Alpen und mit keiner anderen Landschaft vergleichbar, ein Stück Bergland, das sich der große Alpenmaler Giovanni Segantini in den letzten fünf Jahren seines Lebens zur Motivwelt seines künstlerischen Schaffens auserkoren hatte, »... weil es von allen Gegenden, die ich kenne, am reichsten an Schönheit und Abwechslung ist ...«

Ohne die Würmeiszeit, die letzte Eiszeit, die etwa 100 000 Jahre dauerte und erst vor etwa 10 000 Jahren – ein kurzer Augenblick in der Erdgeschichte – ausgeklungen ist, wäre das Oberengadin keine Seenlandschaft, die heute für Millionen von Berg- und Naturfreunden beliebtes und geliebtes Ferienziel ist. Über ihre Entstehung sind sich die Wissenschaftler einig, und sie ist auch leicht zu erklären: Die riesigen Gletscher von Bernina, Fex, Fedoz und Julier schmolzen ab und zogen sich in ihre Täler zurück.

Zunächst hatte es im Tal zwischen Samedan und Maloja einen großen, zusammenhängenden See gegeben, weil in der Gegend zwischen St. Moritz und Samedan eine Art Talsperre bestand, durch einen gewaltigen Toteisblock, auf dem große Moränenmassen abgelagert waren und dadurch die Abschmelzung nur langsam vor sich ging. Endlich, vor etwa 9000 Jahren, hatten Bodenwärme und weiterer Anstieg der Durchschnittstemperatur auch den Toteisblock abgebaut, und der große See konnte abfließen. Und nur einem kleinen geologischen Zufall, einer wunderbaren Geste der Natur für dieses geschundene Tal ist es zu verdanken, daß sich der Riesensee nicht ganz entleerte: die Schleif- und Schürfarbeit des Gletschers hatte die harten Felsriegel von Maloja, Crastatscha am Champfèrsee und Charnadüra bei St. Moritz doch nicht ganz abgetragen. Die Felsriegel haben den See zwar geteilt, aber vor dem totalen Abfluß bewahrt. Das grobe Bild der Seenlandschaft war entstanden. Die weitere Gestaltung besorgte die stete Erosionsarbeit.

Das Heer von Seglern und Windsurfern, das sich heute in den Sommermonaten auf den Seen vergnügt – dank des berühmten Malojawindes, der ein guter und oft rauher Kerl ist und fast täglich so sicher kommt wie das Amen in der Kirche –, macht sich vermutlich keine großen Gedanken über die Entstehung seines Wasserparadieses. Aber das ist auch nicht so wichtig für einen aktiven Surfer oder Segler. Der naturinteressierte Wanderer jedoch kann sich dieser Entwicklungsgeschichte des Tales nicht entziehen, weil er ihren Spuren und Zeugen in jeder Stunde begegnet, besonders auf Wanderwegen durch die Mittel- und Hochlagen des Tales.

Allein die schier unüberschaubare Palette der hochgelegenen Seen muß jeden Naturfreund begeistern. Ich habe sie nicht gezählt, die kleinen und großen Hochgebirgsseen, denen wir überall begegnen, aber es sind bestimmt über hundert, und ich kenne kein Alpengebiet, das auf so engem Raum so viele und unterschiedliche Seen aufweist. Über die Spiegel ihres tiefblauen Wassers segeln weiße Wolken, und gleichzeitig spiegeln sich in diesen Meeraugen Wälder und Gipfel der ringsum aufragenden Berge.

Im Unterengadin gibt es das Wunder der Mineralquellen, Quellen mit unterschiedlichsten Zusammensetzungen: Schwefel-, Glaubersalz- und Bittersalzquellen, alkalische Kalk- und Eisensäuerlinge – fünfundzwanzig Quellen allein im Gebiet von Scuol und Tarasp-Vulpera – und Arsenquellen im Val Sinestra bei Sent.

Das geologische Wechselspiel der vielfältigen Erdgeschichte brachte der Tallandschaft auch ein ungewöhnlich kontrastreiches Formenbild: die mächtigen Gneis-Massive der Berninagruppe, die – nach Walliser und Berner Alpen – das drittgrößte Gletschergebiet ist; die Albula-Alpen mit ihren dunklen, fast drohend wirkenden Hörnern und riesigen Kegeln aus Graniten und Gneisen links des Inn; gegenüber die vorwiegend sanfteren Linien der Livigno-Alpen mit ihren kristallinen Massiven; weiter unten im Tal erneute Kontraste durch die vergletscherte Silvretta, deren Massive meist aus Gneisen und Hornblende bestehen, auf der linken Talseite und die bizarre Gipfelwelt der Engadiner Dolomiten auf der rechten Talseite – alles zusammen bildet ein wunderbares Kunterbunt mit ständig wechselnder Szene, die uns unterwegs immer wieder erfreut und beglückt, wo auch immer wir uns in dem großen Tal bewegen.

Den Einstieg in das Bergland am jungen Inn können wir nicht beenden, ohne ein paar Sätze dem Wald gewidmet zu haben. Das Engadin ohne seine Wälder wäre nicht *das* Engadin – Riesenwälder mit ihren großen Lärchenbeständen, da und dort gemischt mit Laubbaumgruppen, und die Zirben- oder Arvenwälder, die ganz oben ihren Lebenskampf führen.

Während die Waldgrenze in den Voralpen durchschnittlich bei 1650 Meter, in den Nördlichen Kalkalpen bei 1800 Meter liegt, bewegt sie sich im Engadin zwischen 2100 und 2200 Meter; der Tamangurwald im Val S-charl, einem der großen Seitentäler des Unterengadins, reicht mit seinem Arvenbestand bis auf 2400 Meter und gilt als höchster Wald Europas.

Wer das Engadin im Sommer als Erholungsuchender, als Wanderer oder Bergsteiger, im Winter als Skifahrer oder Langläufer lieben gelernt und das spätherbstliche Tal nicht erlebt hat, das »Goldene Engadin«, dessen Farben und Harmonie einen trunken machen, kennt die wunderbarste Seite dieser Landschaft nicht. Das Tal unter dem blauseidenen Himmel, die Gipfel bereits angezuckert, die Seen mit ihrer Blauskala von Himmelblau bis Marine, die unzähligen Gold- und Gelb- und Grüntöne der Wälder, der typische Herbstgeruch der Alpmatten, sommersatt und schon in sich ruhend, und die große Ruhe, die sich über das Bergland gelegt hat, machen das Tal zu einem wunderbaren Flecken Erde, den kein Dichter wirklichkeitsnah beschreiben kann und von dem auch der brillanteste Farbfilm nur ein bescheidenes Abbild zu vermitteln vermag. Nein, da mußt du schon selbst ins Tal kommen und schauen und aufnehmen, erleben.

Der ungewöhnliche Waldreichtum des Engadins ist ein unermüdlicher Filter und Quell guter Luft, die in den Ballungszentren des Oberengadins allerdings schon bedenklich strapaziert wird – und niemand weiß, wie lange die Filterkraft dem jährlich größer werdenden Verkehrsaufkommen auf den Straßen und in der Luft noch standhalten kann.

Schließlich noch ein Wort zum Klima. Der flüchtige Engadin-Besucher redet gern über das schöne »Engadinwetter«. Aber schon hier muß man, wie in vielen anderen Teilbereichen auch, zwischen Oberengadin und Unterengadin differenzieren, auch wenn dies in den Radio-Wetternachrichten nicht praktiziert wird (»Alpensüdseite und Engadin«). Zwar gehört das ganze Engadin zur inneralpinen Trockenzone, aber die klimatischen Bedingungen sind im unteren und oberen Talbereich doch sehr unterschiedlich. Die Schlechtwetterfronten kommen insgesamt von Südwesten und Nordwesten. Die Oberengadiner Talsohle liegt durchschnittlich nur 1600 Meter unterhalb der Gipfelketten der Juliergruppe und ist somit stärker den Schlechtwettereinbrüchen ausgesetzt als das Unterengadin, dessen Talsohle bereits 2000 bis 2100 Meter unterhalb der Silvretta-Gipfellinie liegt. Dazu kommen im Unterengadin die wetterschützenden Talengen bei Zernez-Susch, die den letzten Hauch des oft borstigen Malojawindes schlucken. Im Raum Ofenpaß-Scuol-Martina-Susch kann man sich der höchsten Sonnenschein-Erwartung der Schweiz erfreuen.

Das Niederschlagsprofil (durchschnittlicher Jahresniederschlag) von Maloja bis Martina ist aufschlußreich: Maloja 126 cm, Sils 97 cm, Bever 84 cm, Susch 76 cm, Scuol 65 cm, Ramosch 63 cm, Martina 64 cm. Natürlich, angesichts der 200 bis 250 cm Niederschläge am Alpennordrand fühlt man sich auch im Oberengadin noch relativ trocken.

Wenn sich die Surfer und Segler auch über den Malojawind freuen, die Skifahrer wünschen ihn zum Teufel, weil er oft den schönsten Schnee von den Bergen bläst und das Tourengebiet in Schneebrettfallen verwandelt. Im Unterengadin kennt man ihn nicht: Im Jahresdurchschnitt herrscht zu 85 Prozent Windstille.

Das ganze Engadin ist also ein Schönwetterbergland, das Wanderer und Bergsteiger sehr schnell schätzen lernen. Dem einmaligen Schweizer Nationalpark allein müßte man mehrere Seiten widmen, aber wir werden ja ein schönes Stück von ihm wandernd erleben.

Doch die Landschaft mit ihren Seen und Bergen und Wäldern wäre ohne das reiche Kulturgut der Engadiner nur halb so interessant. Die großartigen, ungewöhnlichen Engadiner Häuser, deren Anblick uns fast in jedem Dorf erfreut, sind mit sehr viel Liebe gestaltet und geschmückt.

Im Engadin leben bekanntlich Rätoromanen, die ihr Rumantsch sprechen. Sie grüßen sich mit »Allegra«, was so viel wie »Freue dich« bedeutet. Durchwandern wir also das Paradies auf den schönsten Wegen, die ich kennengelernt habe.

Via Allegra d'Engadina
Sechs-Tage-Wanderung von Maloja nach Martina

Ein ganz ungewöhnlich starkes Wandererlebnis vermittelt die sechstägige Wanderung von Maloja durch das ganze Engadin bis nach Martina. Aber fragen Sie keinen Engadiner nach der Via Allegra, denn der Name dieser Route existiert in keinem Engadin-Führerwerk. Und der Routenablauf ist bisher auch noch nie zusammenhängend beschrieben worden, obschon auf fast allen Abschnitten täglich Wanderer unterwegs sind.

Die Allegra-Route ist an keiner Stelle schwierig oder gefährlich und kann auch von bergungeübten Wanderfreunden begangen werden. Die Gesamtlänge beträgt etwas mehr als hundert Kilometer. Täglich sind durchschnittlich siebzehn Kilometer mit einer durchschnittlichen Gehzeit von fünfeinviertel Stunden zu bewältigen.

Wer diese Wanderung hinter sich gebracht hat, wird begeistert sein, denn es ist zweifellos eine der imposantesten, vielseitigsten und interessantesten Talwanderungen der gesamten Alpen. Man braucht sich nur die beiden Wanderkarten 1:50 000 »Oberengadin« und »Unterengadin« zu beschaffen, schon kann man losmarschieren. Bezüglich der Nächtigungen ist es am besten, wenn man irgendwo im Tal einen festen Stützpunkt hat, um von dort aus die jeweiligen Tagesabschnitte mittels eigenem Fahrzeug und Rhätischer Bahn (RhB) in Angriff zu nehmen, denn die ausgezeichneten Verkehrsverbindungen machen es möglich, daß man nach jedem Wandertag wieder in seiner gewohnten Herberge ist. Unterhalb von Scuol gibt es zwar keine Rhätische Bahn mehr, aber dafür eine gute Postbus-Verbindung. Nachstehend die einzelnen Tagesetappen:

1. Tag: Maloja (1809 m) – Isola (1812 m, 3 km, 40 Minuten) – Sils-Maria (1803 m, 3,5 km, 1 Stunde) – Surlej (1809 m, 5 km, 1½ Stunden) – St. Moritz-Bad (1775 m, 4,5 km, 1¼ Stunden); 16 km, 4½–5 Stunden.

Zum Ausgangsort Maloja sollte man im Postbus (ab St. Moritz) reisen, um am Ende der Wanderung nicht auch noch das eigene Fahrzeug holen zu müssen. Maloja (1815 m) gehört bereits zum Bergell, was auch schon am Stil der Häuser abzulesen ist: Steinhäuser ohne die typischen Engadiner Merkmale, vom Stall aus Holz getrennt. In Maloja verbrachte Giovanni Segantini seine letzten fünf Lebensjahre; auf dem Friedhof das Segantini-Familiengrab. Hübsch das ganz aus Holz erbaute und mit viel Schnitzwerk verzierte Hotel »Schweizerhaus« (1882).

Wenige Minuten unterhalb des Dorfes auf der Bergellseite ein kurzer, sehr

gut erkennbarer Abschnitt der alten Römerstraße mit tiefen Radspuren im Fels. Etwa fünfzehn Minuten nordwestlich des Dorfes einige sehr große, gut erhaltene Gletschermühlen. In Dorfmitte Wegtafel Richtung Sils-Maria, der Fahrweg nach Isola ist nicht zu verfehlen. Isola ist ein kleines Sommerdorf der Gemeinde Stampa (Bergell) am Südufer des Silser Sees und am Ausgang des Val Fedoz; die Häuser haben auch hier Bergell-Charakter, also nichts mit dem Engadiner Haus zu tun; im Winter geht hier eine beliebte und stark frequentierte Langlaufloipe vorbei.

Bald führt uns der Weg durch sehr schönen Lärchenwald nach Sils-Maria (knapp zwei Stunden von Maloja). Sils liegt abseits der Hauptstraße auf der schönen Wiesenfläche zwischen Silvaplana- und Silsersee und besteht aus zwei Dorfteilen, Sils-Maria und Sils-Baselgia, das ruhigste Dorf des Oberengadins.

Sils war in der Römerzeit eine wichtige Station für die alte Julierstraße, die schon im zweiten und dritten Jahrhundert bekannt war und damals bei Baselgia das Haupttal verließ und durch den Wald Fiuors ins Juliertal führte. Das idyllische Sils-Maria am Ausgang des romantischen Val Fex war die Bleibe für Dichter, Philosophen und Musiker, für Rainer Maria Rilke, Hermann Hesse und Jakob Wassermann, für Thomas Mann, Richard Wagner und natürlich Friedrich Nietzsche, der in dieser hellen und gleißenden Welt seinen schweren und dunklen Gedanken nachhing und Zarathustra erstmals begegnete, die Nietzsche-Stiftung hat das Haus, in dem er lebte, als Museum der Nachwelt erhalten.

In beiden Ortsteilen mehrere ausnehmend schöne Häuser, zum Beispiel das Haus Andreoli (1742) mit gediegenem Barockbalkon in Maria und das Haus Salis (um 1650) mit schöner Freitreppe in Baselgia; besonders eindrucksvoll auch die spätromanische Kirche St. Lorenz in Baselgia.

Ein paar Minuten nordöstlich von Sils-Maria (Wegtafel Richtung Silvaplana-Surlej) erreichen wir das Südufer des Silvaplanasees, dem wir bis Surlej folgen (1½ Stunden). Das hübsche Schlößchen Crap da Sass stammt aus unserem Jahrhundert. Der letzte Abschnitt bringt uns über den idyllisch gelegenen Lej Nair nach St. Moritz-Bad (1¼ Stunden), wo wir aber vermutlich nicht wohnen werden (zum RhB- und Bus-Bahnhof St. Moritz-Dorf 15 Minuten).

2. Tag: St. Moritz-Bad – Stazer See (1809 m) – Pontresina (1805 m, 6 km, 1½ Stunden) – Punt Muragl (1738 m) – Acla Chuoz (1712 m, 6 km, 1½ Stunden) – Champesch (1704 m) – Chamues-ch (1708 m, 6 km, 1½ Stunden) – Zuoz (1716 m, 4 km, 1 Stunde); 22 km, 5½–6 Stunden.

Der Weg vom Ostufer des St. Moritzer Sees über den sehr schönen Stazer See nach Pontresina ist gut ausgeschildert. Pontresina liegt im Val Bernina und ist ein langgezogenes Straßendorf. Einige hübsche Häuser, viele Hotels, einige groß, hier ein wenig Schloß, dort ein wenig Burg. Besonders schön ist das Oberdorf. Dort dämmert der alte Wehrturm aus dem 12. oder 13. Jahrhundert vor sich hin, der sogenannte »Spaniolaturm«. Am oberen Dorfrand steht auch die alte Pfarrkirche Santa Maria mit ihrem romanischen Turm (um 1200), reich bemalter Holzdecke (1497) – ein Gegenstück zu San Gian in Celerina – und wertvollen Fresken. Davor ein schöner Friedhof, auf dem viele Bergsteiger und Bergführer ruhen, darunter der »König der Bernina«, Gian Marchet Colani (1772–1837), Bergführer und berüchtigter Gemsjäger, über den noch heute schillernde Geschichten erzählt werden.

Die Macun-Seenplatte oberhalb von Zernez bzw. Lavin im Unterengadin gehört zu den schönsten Wanderzielen des Engadins; etwa zwanzig Seen sind auf engstem Raum versammelt. Im Hintergrund der Silvretta-Hauptkamm mit Piz Buin (links) und Dreiländerspitze.

The Macun lowland plain with its many lakes above Zernez, respectively. Lavin in Lower Engadin is one of the most popular spots for hikers in Engadin; approximately twenty lakes are grouped together here in a very small space. In the background the Silvretta's highest ridge with Piz Buin (left) and the Dreiländerspitze.

Pontresina ist das Bergsteigerzentrum des Oberengadins und liegt am Nordzipfel der Berninagruppe, deren Berge man vom Dorf aus aber leider nicht sehen kann. Dafür ist der Talkessel von Pontresina aber nicht dem oft stechenden Malojawind ausgesetzt.

Unterhalb Pontresina, bei der Fraktion Muragls, benützen wir gleich den oberen (rechten) Weg, kommen zur Muragl-Standseilbahn, durch den Plaunwald, vorbei an »Europas höchstem Flugplatz« (Samedan), nach Chamues-ch (4½ Stunden von St. Moritz-Bad), Teil des Doppeldorfes La Punt/Chamues-ch. Beide Dorfteile sind reich an schönen, ungewöhnlichen Häusern. In La Punt dominiert das Haus des Hauptmanns Ulrich von Albertini (1642) mit gezahnten Giebeln auf der rechten Innseite. In der Wirtschaft zum Steinbock (1623) und im Restaurant Pirani (1758), zwei Häusern der reichen Familie Albertini, kann man Großartigkeit und Kunstgefühl des alten Engadiner Lebens hautnah erleben. Ebenso im sogenannten »Tirolerkirchlein« (1680), malerisch und barock, an dem der Trend calvinistischer Spartanität großzügig vorbeigegangen ist. In Chamues-ch (sprich Dschamuesch'dsch) die besuchenswerte Kirche mit ihrem romanischen Turm (um 1200) und vielen Köstlichkeiten.

Von hier nach Zuoz ist es nur noch ein gemütlicher Spaziergang von einer Stunde. Zuoz ist ein typisches Haufendorf mit großen und behäbigen Häusern, um Plätze geschart, Heimeligkeit und Geborgenheit ausstrahlend, aber auch Macht und Reichtum. Denn die reiche und mächtige Sippe der Planta hatte im Mittelalter Zuoz zum Familiensitz auserkoren; die riesigen Planta-Häuser, mit drei über die Dorfstraße gespannten Mauerbögen verbunden, und der Planta-Turm erzählen von der Größe dieses Geschlechts. Aber auch sonst, wohin man schaut, engadinische Verspieltheit, Ausdruck individueller Phantasie: Erker mit Schnitzwerk, schmiedeeiserne Fenstergitter, wahre Kunstwerke von Torbogen. Zuoz ist übrigens ein idealer Standort für die Via Allegra (seit Herbst 1984 Umgehungsstraße und somit nicht mehr vom Durchgangsverkehr geplagt).

3. Tag: Zuoz – S-chanf (1657 m, 3 km, 1 Stunde) – Zernez (1473 m, 15 km, 3½ Stunden); 18 km, 4½–5 Stunden.

Der Weiterweg auf der rechten Talseite ist nicht aufregend. Man kann sich bis S-chanf auch der Rhätischen Bahn anvertrauen und dafür dem hübschen Dorf eine halbe Stunde widmen. S-chanf (sprich Sch'dschanf) ist ein 750 Meter langes Straßendorf und besonders in den letzten dreißig Jahren seines Daseins von dieser engen und längsten Engadiner Dorfstraße buchstäblich geschunden worden (1980 wurden 831 000 passierende Fahrzeuge gezählt; Vergleich: Julierpaß 858 000). Hunde, Katzen und verängstigte Menschen sah man oft an die Hausmauern geduckt und gedrückt, entlang den Schmelzwasserpfützen und eisigen Rippen schleichen, um der lärmenden und stinkenden Blechschlange, die durchs Dorf kroch, zu entkommen. Nur die S-chanfer selbst werden in einigen Jahren vielleicht wissen, ob und wie sehr die zur Straße gerichteten Mauern ihrer schönen Häuser unter den Abgasen gelitten haben. Mit der im Herbst 1984 fertiggestellten Umgehungsstraße von S-chanf, Zuoz und Madulein ist für diese drei schönen Dörfer eine neue Epoche angebrochen, eine Zeit der Rückkehr zur Ruhe.

S-chanf gilt als das »romanischste Dorf des Engadins« und ist auch seit rund hundert Jahren bestimmt das am wenigsten veränderte. Ab S-chanf wird die

Via Allegra ganz ruhig und romantisch. Immer entlang der rechten Talseite (Wegtafel Richtung Zernez), hoch über der wilden Brailschlucht des Inn und teilweise entlang der Bahnlinie, um den weiten Talkessel von Zernez zu erreichen.

Zernez ist ein wichtiger Verkehrsknotenpunkt – Straße zum Ofenpaß – und das »Tor zum Schweizer Nationalpark«, wie es sich nennt, denn am östlichen Dorfausgang befindet sich das Nationalpark-Haus als wichtiges Informationszentrum. Zernez wurde 1872 durch einen verheerenden Großbrand fast ganz vernichtet. Der Wiederaufbau erfolgte leider im langweiligen Flachdachstil. Allein im Oberdorf sind einige sehr schöne Häuser von der Katastrophe verschont geblieben, so das Haus Filli (1566) und das Haus Schorta am Kirchsteig.

Über dem Dorf thront die Reformierte Kirche, deren Altbau auf 1200 zurückgeht (Neubau 1607–09), mit sehr schönem Stuck, reichgeschnitzter Balustrade auf der Empore und der ältesten Orgel (1741) des ganzen Tales. Gleich neben der Kirche die Kapelle St. Sebastian mit wertvollen Wandmalereien aus dem Jahr 1515. Unterhalb davon das sehr schöne Schloß Wildenberg, das heute Gemeindehaus ist.

4. Tag: Zernez – Clüs (1684 m, 2 km, 45 Minuten) – Susch (1426 m, 4 km, 1 Stunde) – Lavin (1412 m, 4 km, 1 Stunde) – Sur En/Ardez (1469 m, 1½ Stunden) – Ardez (1464 m, 3 km, 1 Stunde); 18 km, 5–5½ Stunden.

Der Weiterweg beginnt am nördlichen Dorfrand (Wegtafel Richtung Clüs-Susch) und bringt uns leicht aufsteigend in den Clüs-Sattel (Clüs = Klause, Talenge), über den in grauer Vorzeit der Inn seinen Lauf genommen hat. Durch urigen Wald Abstieg bis zum Talgrund, der sich in Richtung Susch wieder etwas weitet. Wenn Sie jetzt Ihren Kreislauf auch noch durch eine Gruseleinlage in Schwung bringen wollen, dann gehen Sie auf dem Talweg ein paar Minuten Inn-aufwärts zum Zernezer Galgen im God da la Güstizia (Wald der Justiz), dessen zwei weiße Mauersäulen nicht zu übersehen sind. Eine alte Chronik berichtet über die Richtstätte: »In der Nähe des Galgens soll sich ein großer, flacher Stein befinden. Auf diesem wurden den Mördern und Dieben die Köpfe abgeschlagen.

In den Gesetzen der damaligen Zeit wurde festgehalten, daß alle Diebe, Mörder und andere schwere Verbrecher gerichtet und getötet werden müssen, außer jemand, der einem Juden etwas gestohlen hatte – diejenigen mußten die gestohlenen Güter doppelt zurückgeben und damit war die Sache erledigt. Die Straßenmörder waren zu köpfen. Frauen, welche als Hexen galten, wurden entweder lebendig begraben oder auf dem Rad gestreckt und langsam getötet. Ebenfalls lebendig begraben und im Grab noch gepfählt wurden Frauen, welche aus Schande ihre unehelich oder außerehelich geborenen Kinder verschwinden ließen. Ihre Güter gingen an die Gemeinden über.

Während dieser Tage (Mai 1616) wurden folgende Personen aus Susch aufgehängt: der Mörder Nuot da Bart, Jon Tina da Staschia, Peider, Pitschen, Luzi Gisep, Luzi da Cla und Jachen da Clawuot wurden durch das Rad hingerichtet.« Heute sind die Engadiner freilich friedliche Leute.

Nach dieser makabren Einlage sind wir in einer halben Stunde in Susch (2 Stunden von Zernez). Dort zweigt die Flüelapaßstraße ab. In diesem Dorf haben gleich drei schwere Großbrände gewütet: 1875, 1900 und 1925. Aber die traditionsbewußten Suscher haben ihre Häuser wieder im alten Engadiner Stil errichtet; die schönsten sind auf der rechten Innseite, geduckt an den großen, talsperrenden Hügel, auf dem die spärlichen Überresten der Fortezza Chaschinas dahinkümmern.

Im Hauptdorf ist es leider laut, und das Überqueren der Straße ist für die verkehrsgepeinigten Suscher oft ein ärgerliches Problem. Am unteren Dorfausgang stößt man auf der rechten Innseite auf eine Wegtafel Richtung Lavin, das wir nach einer gemütlichen Stunde erreichen, immer entlang des Inn. In Lavin hatte der große Brand schon 1869 gewütet, 68 Häuser samt Ställen waren ihm zum Opfer gefallen. Einige wenige hübsche Häuser können noch bewundert werden, vor allem die Chasa pitschna von 1717 etwas abseits des Dorfes auf der rechten Innseite. Der Bau ist erst in den letzten Jahren liebevoll renoviert worden, mit einzigartigem Sgraffitoschmuck. Und Lavin dürfen wir natürlich nicht verlassen, ohne die kleine Kirche (1500–1510) besucht zu haben mit ihren ungewöhnlichen Tempera-Malereien, die erst 1956 entdeckt und kunstvoll freigelegt wurden. Im Deckengewölbe das Bild Christi als Weltenherrscher mit dem »Dreigesicht«: vier Augen, drei Münder, drei Nasen«, Symbolisierung der Dreifaltigkeit.

Dann bringt uns ein hübscher Spazierweg auf der rechten Talseite zu dem kleinen Weiler Sur En/Ardez (= Über dem Inn; »auf der anderen Inn-Seite«, von Ardez aus betrachtet); einige sehr schöne Häuser, aber keines dient mehr der Landwirtschaft. Wenig später kommen wir zur steinernen Inn-Brücke und steigen zuletzt hinauf nach Ardez (2½ Stunden von Lavin). Seit Ende 1978 erfreut sich Ardez einer großzügigen Umgehungsstraße und ist dadurch wieder ein ruhiges, liebenswertes Dorf geworden.

Im europäischen Jahr für Denkmalpflege und Heimatschutz 1975 ist Ardez als eines der vier helvetischen Musterdörfer auserkoren worden für besondere Förderung durch Bundesmittel. Beherrscht von der Burg Steinsberg aus dem 12. Jahrhundert, liegt Ardez heute wieder da wie in alten Zeiten, nur noch schöner, mit einer Vielzahl imposanter und liebevoll renovierter Häuser; ich habe sie nicht gezählt, aber ich glaube, daß Ardez die meisten stilreinen Engadiner Häuser des Tales besitzt. Ardez muß man viel Zeit widmen, um es zu entdecken.

5. Tag: Ardez – Hof (1401 m, 1 Stunde) – Tarasp-Funtana (1402 m, 7 km, 2 Stunden) – Schwarzsee (1544 m, 45 Minuten) – Avrona (1449 m, 15 Minuten) – Clemgiaschlucht – Scuol (1240 m, 7 km, 1½ Stunden); 14 km, 5–5½ Stunden.

Am fünften Tag gehen wir gleich von der Ardezer Eisenbahnstation auf schmalem Weg hinab zu einer Hängebrücke über den Inn und über diese auf die rechte Innseite. Aufstieg zum einsamen Anwesen Hof und auf breitem Weg über die Weiler Aschèra und Vallatscha nach Tarasp-Funtana am Tarasper See und zu Füßen des mächtigen Schlosses. Vom südlichen Dorfausgang hinauf zum Schwarzsee in seiner romantischen Umgebung, Abstieg über Avrona in die wilde Clemgiaschlucht und durch diese nach Scuol (2½ Stunden von Tarasp).

Bad Scuol ist Hauptort des Unterengadins mit langer Geschichte und großer Tradition als Kurort, seit 1955 auch Wintersportort. Im Unterdorf Scuol sot zwei außergewöhnlich schöne Dorfplätze, der östliche Plaz und der westliche Bügl grond (großer Brunnen) – zwei der schönsten Plätze im ganzen Tal. Auch im Oberdorf von Scuol, Vi genannt, ein Kleinod von Dorfplatz – Plazzetta. Scuol ist ein idealer Ausgangsort vor allem für Wanderungen jeder Art. Es liegt in einer großen Talweitung, umgeben von den bizarren Bergen der Engadiner Dolomiten.

6. Tag: Scuol – Sur En/Sent (1124 m, 6 km, 1½ Stunden) – San Niclà (1063 m) – Strada (1072 m, 9 km, 2 Stunden) – Martina (1035 m, 4 km, 1 Stunde); 19 km, 4½–5 Stunden.

Der sechste und letzte Tag bringt uns einen romantischen Ausklang durch viel Wald entlang des rechten Inn-Ufers, das wir vom Unterdorf Scuol über eine der vier Brücken erreichen. Über den kleinen Weiler Pradella, am Kraftwerk vorbei, nach Sur En/Sent am Ausgang des herrlichen Val d'Uina. Es folgen die Weiler Raschvella und San Niclà.

Die kleine Kapelle in San Niclà aus dem 12. Jahrhundert ist nach den Wirren der Reformation in ein Wohnhaus verwandelt worden. Vor kurzer Zeit aber bildete sich die Interessengemeinschaft »Pro San Niclà«, die das zweckentfremdete Gotteshaus wieder zu neuem Glanz bringen will.

Gleich sind wir in Strada, dem man ebenfalls eine Umgehungsstraße wünscht, und nach einer Stunde auf der linken Talseite (oberhalb der Straße) in Martina, eine der »heißesten« Zollstationen der Schweiz, weil hier sehr viele Whisky-Fahrer (Samnaun) unterwegs sind. Reges Treiben, nicht viel Sonne, schmale Dorfstraße.

Wer auf der Via Allegra Martina erreicht hat, gehört zu den glücklichsten Wanderern, die das Engadin gesehen haben.

Via grandiusa d'Engiadina
Auf Höhenwegen durchs Engadin

Auch die Idee zu dieser Kombination von Wanderrouten – wie auch der rätoromanische Name – ist neu und noch nie vorgeschlagen worden. Aber wenn man das Tal und seine Berge gut kennt, liegt es auf der Hand, verschiedene Tageswanderrouten zwischen Maloja und Vinadi zu einem zusammenhängenden Engadiner Höhenweg zu verbinden. Es war mir ein Anliegen, beide Talseiten einzubeziehen, um die dreizehn Tagesetappen möglichst abwechslungsreich zu gestalten.

Die »Via grandiusa d'Engiadina« hat eine Gesamtlänge von rund hundertfünfzig Kilometern, was einen Tagesdurchschnitt von dreizehn Kilometern ergibt; die durchschnittliche Gehzeit beträgt fünfeinviertel Stunden.

Der Weg durch eines der schönsten Alpentäler ist ein Weg des dreizehntägigen Wanderglücks. Ein Weg ohne große Schwierigkeiten, ohne nennenswerte Gefahren – ein Weg, den jeder genießen kann, weil keinerlei Gletschergebiete berührt werden. Der Engadiner Höhenweg kann in einem Zug oder ratenweise übers Wochenende begangen werden, im Oberengadin von Ende Juni bis Ende Oktober, im Unterengadin von Mai bis Anfang November; manche Tagesetappen im Bergfrühling, der uns im Engadin ungewöhnlich reiche und vielseitige Flora bringt, andere im Hochsommer, wenn die satten Alpwiesen und dunklen Wälder die Landschaft in Ruhe tauchen – oder im Herbst, wenn das »Goldene Engadin« in seiner berühmten Pracht um uns ist. Und auf den meisten Abschnitten ohne großen Rummel, ohne das ärgerliche Gedränge in den Hütten, weil man eines der vielen schönen Engadiner Dörfer als Standort benützt. Dank der vorzüglichen Verkehrsverbindungen –

Rhätische Bahn und Postbus – kann der gewählte Ort als Standquartier nach jeder Tagesetappe schnell erreicht werden (und umgekehrt der Beginn des neuen Wanderabschnitts).

Natürlich braucht man für die Via grandiusa d'Engiadina eine bessere Ausrüstung als für die »Via Allegra d'Engiadina«, vor allem guten Wetterschutz (Biwaksack!) und warme Kleidung.

1. Tag: Maloja (1809 m) – Lunghinsee (2484 m) – Lej Nair (2456 m) – Grevasalvas (1941 m) – Silvaplana (1815 m); 16 km, 6 Stunden.

Daß die Via grandiusa d'Engiadina gleich in den ersten Stunden den Inn-Ursprung berührt, ist selbstverständlich, weil wir dem Fluß, den wir hier als kleines Bächlein bewundern können, immer wieder im Ablauf unserer Wanderung begegnen. Von Maloja zuerst in Richtung Gletschermühlen, dann steil, aber auf gutem Weg nordwestlich hinauf zum Lunghinsee (2 Stunden); der Piz Lunghin (2780 m) kann ohne Schwierigkeiten über den Paß Lunghin (2645 m) in zusätzlichen 1¼ Stunden bestiegen werden. Großartige Aussicht südlich hinab ins Bergell. Vom Lunghinsee östlich weiter; bei der Weggabelung nach links. Nach einer guten halben Stunde kurzer Abstecher hinauf zum Lej Nair (1 Stunde) und wieder zurück auf den schon bekannten Höhenweg, der uns in den Bereich von Grevasalvas führt. Wer die kleine Sommersiedlung schon kennt, braucht nicht eigens zu ihr abzusteigen, weil der Weiterweg oberhalb des Dorfes nach Nordosten in Richtung Sils und Silvaplana führt. Leicht absteigend und durch schöne Lärchenbestände etwas oberhalb der Nordufer von Silser- und Silvaplanasee nach Silvaplana (2 Stunden von Grevasalvas).

2. Tag: Silvaplana – Corvatsch-Seilbahn, Mittelstation Murtel (2699 m) – Fuorcla Surlej (2755 m) – Hahnensee (2153 m) – St. Moritz (1822 m); 9 km, 4½ Stunden.

Die zweite Etappe bringt uns einen gemütlichen Wandertag, vorwiegend bergab. Und er bietet einen ganz neuen Blick in die Seenlandschaft und zu den Bernina-Eisbergen, die wir plötzlich ganz nahe vor uns aufragen sehen werden. Von Silvaplana-Surlej zunächst mit der Corvatsch-Seilschwebebahn bis zur Mittelstation Murtel, dann auf gut ausgebautem Weg östlich zur Fuorcla Surlej (1½ Stunden, SAC-Hütte, Restaurant); in unmittelbarer Nähe der winzige Surlej-See, in dem sich der Biancograt und Piz Roseg spiegeln. Sehr imposanter Blick zum zerrissenen Tschiervagletscher. Dann Abstieg nordwestlich auf gut markiertem Weg (teilweise sehr steinig) zum romantisch gelegenen Hahnensee (2 Stunden, Bergrestaurant). Dort begeistert besonders der Blick über Silvaplana- und Silsersee gegen Maloja. Von hier nach St. Moritz-Bad gibt es verschiedene Möglichkeiten: Die interessanteste ist zweifellos der Höhenweg zu P. 2012 und zuletzt über Serpentinen direkt hinab nach St. Moritz-Bad (1 Stunde).

3. Tag: St. Moritz – Standseilbahn Corviglia (2486 m) – Fuorcla Valletta (2858 m) – Alp Muntatsch (2186 m) – Samedan (1721 m); 11 km, 4½ Stunden.

Auch der dritte Tagesabschnitt ist bewußt kurz und gemütlich gehalten, um am Ende der Wanderung auch noch etwas Zeit für Samedan zu haben – und von der Oberengadiner Seenlandschaft langsam Abschied zu nehmen.

Von St. Moritz mit der altehrwürdigen Corviglia-Standseilbahn zur Bergstation, 650 Höhenmeter über der Talsohle. Wer das Gebiet als Skifahrer vom Winter her kennt, ist erstaunt über das weitflächige Wandergebiet. Von der Bergstation westlich leicht ansteigend und nördlich zum Lej Alv (2525 m) und hinauf zur Saluver-Skihütte (2632 m) und schließlich nordöstlich und nördlich hinauf zur Fuorcla Valletta (2 Stunden) in unmittelbarer Nähe der bizarren Felstürme Trais Fluors, an denen man gelegentlich Kletterer sehen kann. Jetzt nordöstlich hinab durch das Valletta und über schöne Alpmatten hinab zur Alp Muntatsch (1½ Stunden). Nun genau südlich durch Wald hinab zum obersten Dorfrand von Samedan (1 Stunde).

4. Tag: Samedan – Standseilbahn Muottas Muragl (2453 m) – Fuorcla Muragl (2891 m) – Alp Prüna (2270 m) – Serlas (2017 m) – La Punt/Chamues-ch (1687 m); 18 km, 7 Stunden.

Der vierte Wandertag erschließt uns ein schönes Stück Bergland der südlichen Livigno-Alpen. Und hier müssen wir endgültig Abschied nehmen von der Oberengadiner Seenlandschaft. Die ersten siebenhundert Höhenmeter hinauf zur Muottas Muragl werden uns von der Standseilbahn (zwischen Pontresina und Samedan) mühelos abgenommen. Auf der Bergstation müssen wir uns noch einige Zeit dem ungewöhnlich schönen und vielseitigen Panorama widmen. Im Südwesten die glitzernde Seenkette, im Süden die eisstarrenden Bernina-Berge. Im Südosten sehen wir bereits die Einsattelung der Fuorcla Muragl, gegen die wir auf dem oberen Weg aufsteigen. Kurz vor dem eigentlichen Aufstieg zur Fuorcla erfreuen wir uns noch an dem kleinen, wildromantisch gelegenen Muragl-See, um schließlich nach knapp zwei Stunden die Fuorcla Muragl zu erreichen. Jetzt nimmt uns eine ganz andere Welt auf, eine einsame Berglandschaft. Von der Fuorcla Muragl zunächst auf Steigspuren (gut markiert) östlich hinab in das oberste Val Prüna und auf immer besser werdendem Weg nördlich hinunter zur Alp Prüna (1½ Stunden), umgeben von einem riesigen Weidegebiet. Jetzt nördlich, meist dem Bachlauf entlang, hinaus und hinab in das Val Chamuera, wo wir schon von weitem das mächtige Gebäude der Alp Serlas sehen (1½ Stunden).

Wir sind nicht wenig erstaunt, in dieser abgelegenen Berglandschaft ein fünfstöckiges Haus anzutreffen. Es wirkt herrschaftlich und sieht aus wie ein Berghotel. Serlas ist ein landwirtschaftliches Gut, 1820 von der Familie Orlandi erbaut; kunstvoll getäfelte Stuben, Stallungen, Sennerei, in der heute noch Käse hergestellt wird. Früher soll das Gut das ganze Jahr über in Betrieb gewesen sein, und es soll sogar Roggen angebaut worden sein. Heute ist das Gut im Besitz der Zuozer Familie von Planta; im Sommer sind über fünfhundert Stück Vieh auf den Weiden. Nun auf dem Fahrweg hinaus durch das teilweise sehr wilde Val Chamuera nach Chamues-ch (2 Stunden); unterwegs bieten sich mehrere schöne Rastplätze an.

5. Tag: La Punt/Chamues-ch – Albulatal – Gualdauna-Sattel (ca. 2500 m) – Chamanna d'Es-cha (2594 m) – Alp Es-cha Dadour (2063 m) – Zuoz/S-chanf (1662 m); 14 km, 3½ bis 4 Stunden.

Jetzt führt uns der Engadiner Höhenweg ins Herz der Albula-Alpen und zu einer der schönstgelegenen Hütten des gesamten Engadins. Zunächst gilt es, eine Fahrgelegenheit in Richtung Albulapaß zu finden (kein Busverkehr). Aber als Wanderer hat man beim Autostopp meist Glück (notfalls Taxi).

Auffahrt bis zur Punt Grauda (2256 m, bei P. 2359), wo die Straße erstmals den Bach überquert. Jetzt nordöstlich auf gutem Weg langsam ansteigend hinauf zur Einsattelung Gualdauna, von wo wir im Norden bereits die Chamanna d'Es-cha sehen. Auf ganz gemächlich ansteigendem Weg kommen wir nach eineinhalb Stunden zur Hütte, wo eine ungewöhnlich gemütliche Stube zur Rast einlädt. Unweit der Hütte ragt nordwestlich das mächtige Massiv des Piz Tesch auf. In der Folge steiler Abstieg nach Südosten zur Alp Es-cha Dadour (1 Stunde). Kurz vor der Alpe Abzweigung nach links in Richtung Zuoz, das wir nach einer knappen Stunde erreichen; der Weiterweg nach S-chanf erfordert eine weitere Viertelstunde, lohnt aber nicht.

6. Tag: S-chanf – Parkhütte Varusch (1775 m) – Chanels (1835 m) – Fuorcla Val Sassa (2857 m) – Chamanna Cluozza (1882 m) – Zernez (1473 m); 24 km, 9½–10 Stunden.

Der sechste Tag ist einem der wildesten und ödesten Gebiete des Schweizer Nationalparks gewidmet. Und es ist der anstrengendste Tagesabschnitt des gesamten Engadiner Höhenwegs. Wer aber ursprüngliche Hochgebirgsnatur erleben will, wird sich diese Etappe nicht entgehen lassen.

Von S-chanf zunächst auf einem Fahrweg zum Parkplatz am Ausgang des Val Trupchun und zur Parkhütte Varusch (1½ Stunden), wo sich jeder Wanderer unbedingt mit der Parkordnung vertraut machen sollte. Weiter auf gutem Weg taleinwärts zu den Maiensäßen Chanels (½ Stunde), wonach wir gleich das eigentliche Nationalparkgebiet betreten. Nach einer weiteren halben Stunde kommen wir zur Alp Purcher (1858 m), wo wir das Haupttal nach links aufwärts in das Val Müschauns verlassen.

Jetzt wird die Landschaft immer wilder, einsamer, öder. Wer die Fuorcla Val Sassa (3½ Stunden) erreicht hat, kann seines Lebens wieder froh sein. Zugegeben, es ist ein mühsamer Aufstieg, aber man wird belohnt durch den Eindruck dieser unglaublichen Urlandschaft. Nördlich die zerrissenen Flanken des Piz Quattervals (3154 m), der das ganze Gebiet beherrscht. Nordöstlich schweift unser Blick hinab durch das unendlich scheinende Val Sassa, dessen einzigartiger Blockstrom jeden Naturfreund beeindruckt. Der wandernde Blockstrom ist ein »lebendiges« Überbleibsel der letzten Eiszeit. Unter den riesigen Schuttmassen vermutet man Toteis, das für ständige Bewegung des Blockstroms sorgt. Das geologisch-glaziologische Phänomen wird übrigens in seiner Bewegung vermessen.

Wenn wir im Frühsommer auf dem Blockstrom noch Altschneereste haben, ist der Abstieg weniger mühsam. Die Mühseligkeit des Abstiegs im Hochsommer wird jedoch belohnt durch das Betrachten der winzigen Pflanzen, die hier ihren Lebenskampf durchstehen. Nach einem Abstieg über fast tausend Höhenmeter umgibt uns endlich wieder normale Hochgebirgsvegetation: spärliche Matten und Wälder. Und der nun wieder gute Weg bringt uns ohne große Anstrengungen hinaus zur Parkhütte Cluozza (2 Stunden), wo wir uns eine ausgiebige Rast verdient haben. Der »Abstieg« nach Zernez erfordert zunächst einen mühsamen Aufstieg von einer Stunde, und führt endlich über Prasüra (1789 m) nach Zernez (2 Stunden).

7. Tag: Zernez (1471 m) – Fuorcla da Barcli (2850 m) – Macunseen (2616 m) – Alp Zeznina Dadaint (1958 m) – Alp Zeznina Dadora (1817 m) – Lavin (1432 m); 14 km, 7–8 Stunden.

Ein Teil des Panorama-Höhenweges Unterengadin im Val Tuoi oberhalb Guarda, im Hintergrund die Berge der Nunagruppe auf der rechten Engadin-Talseite; hier kann man das »Goldene Engadin« erleben.

Part of the Höhenweg's panorama, Unterengadin in the Tuoi Valley, above Guarda. In the background, on the right-hand side of the valley, the Nuna group of mountains; it is here that one can experience "golden Engadin".

Nächste Seite:
Blick von der Schaubachhütte (Seilbahn von Sulden/Südtirol) gegen Zebrù (links) und »König Ortler«, dessen beliebter Hintergrat (II) am oberen Ende der ausgeprägten Seitenmoräne des Suldenferners fußt.

*Following page:
View from the Schaubach cabin (cable railway from Sulden/South Tyrol) toward Zebru (left) and "King Ortler" whose popular farthest ridge rests at the top end of Suldenfern's lateral moraine.*

114

Die siebte Tagesetappe bringt uns zu einem der ganz großen Höhepunkte der Engadiner Hochroute. Spätestens im Bereich der Macun-Seenplatte wird jeder Wanderer den Begriff »Via grandiusa d'Engiadina« begreifen und in jeder Silbe akzeptieren. Die Churer Schriftstellerin Katharina Hess schrieb über die Macunseen: »Für mich ist das der schönste Platz auf der Erde.«

Eine unglaublich wilde und zugleich hochromantische Gebirgslandschaft, die man ganz bestimmt zu den schönsten Flecken der Alpen zählen darf. Ein wahres Hochgebirgsparadies. Etwa zwanzig kleine und größere Seen mit blaugrünem Wasser sind auf dem Macun-Plateau eingelagert, jeder in einer anderen Form, jeder mit einem anderen Leben, umgeben von zerrissenen Felsflanken, riesigen Schutthalden mit kleinen Matten dazwischen. Und auch hier gibt es einen phantastischen Blockstrom, dessen Massen sich millimeterweise talwärts bewegen; er hat seinen Ursprung am namenlosen Westgipfel des Piz Nuna (bei P. 3046).

Aber ein echtes Hochgebirgsparadies wird dem Bergfreund nicht einfach in den Schoß geworfen. Man muß es sich verdienen. Und der Aufstieg von Zernez bis auf den Laschaduragrat (P 2945 m) kostet einige Mühen. Und man muß auch sagen, daß man sich die ersten 2½ Stunden auf dem Fahrweg bis hinauf zu den Lawinenverbauungen (Endpunkt der Fahrgelegenheit bei P 2268 m) lieber ersparen würde. Wer aber mit den Einheimischen umzugehen versteht, findet bestimmt einen freundlichen Zernezer, der einen gegen einen guten Preis im Geländewagen bis zum Ende des Fahrweges bringt. Von dessen Endpunkt erreichen wir nach einer knappen Stunde die schöne, begrünte Schulter des Munt Baselgia (2682 m), auf der man sich vorkommt wie im Cockpit eines großen Flugzeuges mit ungeheurem Tiefblick und einem faszinierenden Panorama, das uns das riesige Halbrund vom Ortler über die Bernina-Berge bis zu den Albula-Alpen erschließt.

Nach einer weiteren knappen Stunde über den schroffendurchsetzen Rücken hinauf kommen wir zu P 2945 am Laschadura-Grat, wo es uns wieder den Atem verschlägt: nahe unter uns die Seenplatte mit ihren Meeraugen und auf der anderen Talseite die höchsten Berge der Silvrettagruppe, allen voran der mächtige Kegel des Piz Linard. Die Markierung führt von unserem höchsten Punkt östlich über den Blockgrat nach wenigen Minuten hinab zur Fuorcla da Barcli. Von hier kommen wir schließlich auf einem spärlichen Weg hinab zur Seenplatte.

Der schönste Platz ist zweifellos am Südufer des Lai Grond. Er ist zugleich der nördlichste und einer der größten aller Macunseen. Man erreicht ihn vom Hauptweg in etwa zwanzig Minuten. Dann nimmt uns das zuerst steile Val Zeznina auf. Ein Serpentinenweg bringt uns hinunter zur Alp Zeznina Dadaint (2 Stunden vom Grat), zu der 1983 leider eine Fahrstraße gebaut wurde. Auf dieser nördlich hinaus durch schönen Wald zur Alp Zeznina Dadora (½ Stunde) und weiter durch dichten Wald hinab nach Lavin (1 Stunde) im Haupttal.

8. Tag: Lavin – Alp d'Immez (1952 m) – Guarda (1653 m); 8 km, 3½–4 Stunden.

Von nun an befinden wir uns auf dem »Panorama-Höhenweg Unterengadin« (Spassegiada da panorama Engadina bassa), einem Werk meines Freundes Balser Biert, Scuol. Der Weg ist einheitlich markiert und beschildert. Lavin (1412 m) liegt zwischen Scuol (17 km) und Susch (3 km) am Inn. Beim östlichen Dorfausgang, nahe der schlichten weißen Kirche, wo vor einigen Jahren wertvolle Fresken freigelegt wurden (sehr besuchenswert), steigen wir gleich zu Beginn ziemlich steil dreihundert Meter hoch bis Charnadüras (1751 m), um dann die restlichen zwei Kilometer über Alp Dadoura bis Alp d'Immez (1952 m) mit nur zweihundert Meter Höhenunterschied gemütlicher hinter uns zu bringen. Die Alpen sind hier noch in Betrieb. Ganz nahe die 1500 Meter hohen Ostabstürze des Piz Linard (3410 m), des höchsten Silvrettagipfels. Von der Alp d'Immez zunächst zweihundert Meter in Richtung Piz Chapisun (Osten) steil hinauf, dann auf mehr oder weniger gleicher Höhe weiter, unter Durchquerung der riesigen Chapisun-Südflanke. Im Winter donnert über diesen Hang die gefürchtete Gonda-Lawine. Wenig später kommen wir an der Chamanna dal Beschèr (2158 m) vorbei, einer kleinen Hirtenhütte, und ins Val Tuoi hinab (P. 1798). Abstieg über Clüs nach Guarda (1653 m), einem Prunkstück unter den Engadiner Dörfern. Man sollte sich hier unbedingt einige Zeit gönnen. An einem Haus finden Sie den rätoromanischen Spruch:

No fabrichain sü bellas chà,
e savain da nu star in eternità.
Mo il lö inua saimper giain a star,
Sün quel an impissain dirar.
(Wir bauen schöne Häuser
und wissen, daß wir nicht ewig drin wohnen können.
Doch des Ortes, wo wir immer wohnen werden,
gedenken wir nur selten).

9. Tag: Guarda – Alp Sura (2119 m) – Munt (1860 m) – Ardez (1644 m); 9 km, 3 Stunden.

Vom Dorf Guarda wieder zurück hinauf nach Clüs und auf dem hier rechts abzweigenden Weg zur Alp Sura (2119 m). Östlich weiter zur Alp Murtera Dadoura (2144 m), um dann über Munt (den Maiensäßen von Ardez) nach Ardez (1644 m) abzusteigen. Ardez wird seit 1974 zu den erhaltungswürdigsten Dörfern der Schweiz gezählt und ist reich an prächtigen Engadiner Häusern (unbedingt auch den unteren Dorfteil besuchen!) – ein ruhiges, beschauliches Dorf.

Variante: Wenn Sie von der Alp Murtera eine halbe Stunde nördlich nach Maranguns aufsteigen, kommen Sie zu einer kleinen, sehr romantisch gelegenen Seenplatte – für Fotoamateure mit einem Blick für das Besondere ein lohnender Abstecher.

10. Tag: Ardez – Clüs (1743 m) – Alp Laret (2206 m) – Ftan (1635 m); 8 km, 3 Stunden.

Von Ardez nördlich hinauf, um bei Clüs wieder den Originalweg zu erreichen. Nun nördlich ins Val Tasna zur Alp Tasna (1897 m) und Alp Valmala (1979 m), wo Sie bestimmt Gemsen sehen werden. Jetzt südöstlich hinauf zur Alp Laret (2206 m). Nordwestlich durch die Clünasflanke zu P. 2135 und hinab nach Prui (2058 m) und Ftan (1635 m, Sessellift) in großartiger Lage und mit schönen Häusern; einige Minuten unterhalb des Dorfes die über vierhundert Jahre alte Mühle, die seit 1970 unter Denkmalschutz steht, aber immer noch arbeitet.

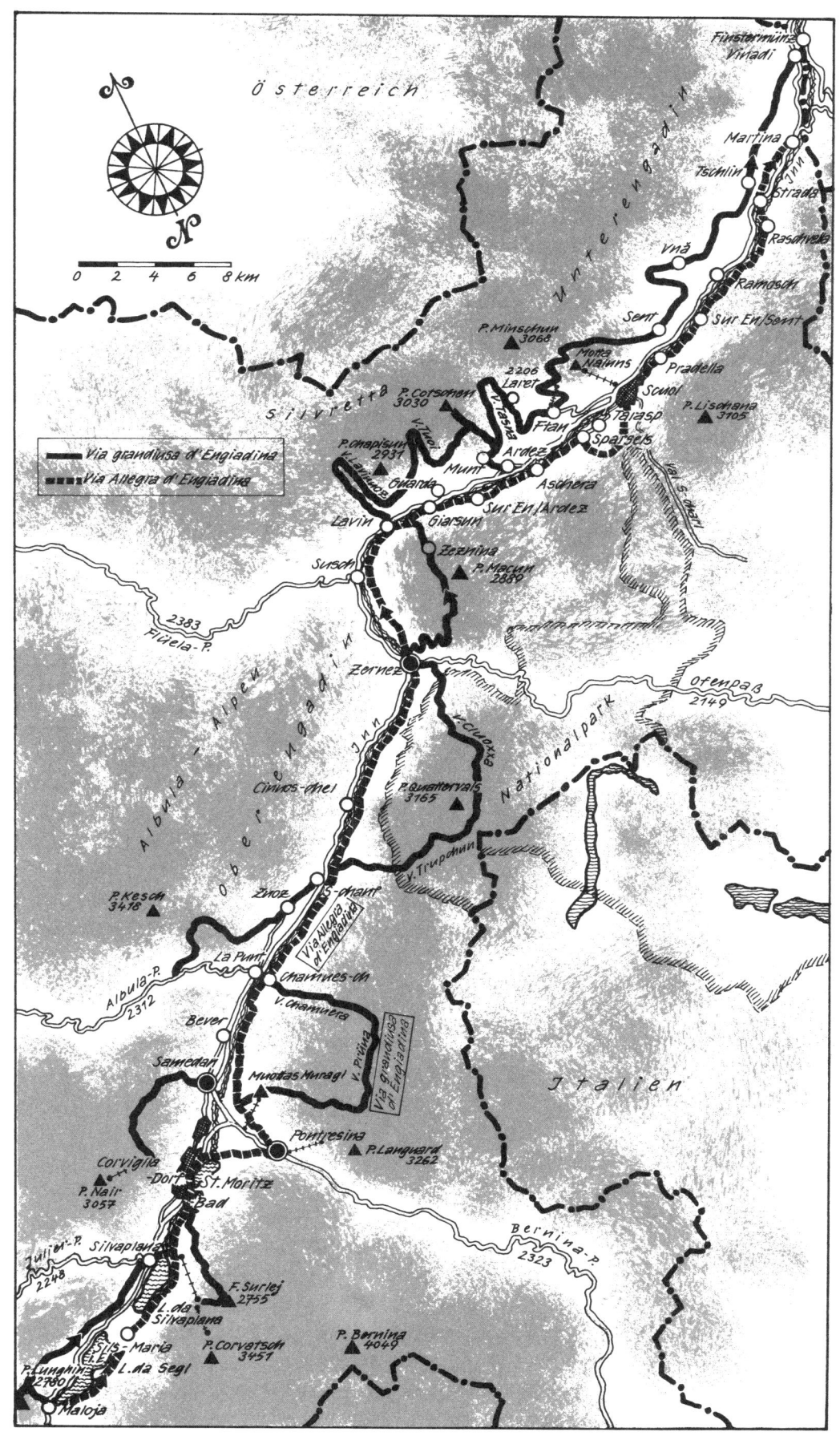

121

Variante: Wenn Sie nach der Ftan-Besichtigung noch ein Stündchen Zeit haben, dann wandern Sie auf dem hübschen Weg auch noch hinab nach Bad Scuol, ein wahrer Genußspaziergang.

11. Tag: Ftan – Motta Naluns (2146 m) – Sent (1430 m); 10 km, 4 Stunden.
Von Ftan mit dem Sessellift wieder nach Prui und nordöstlich zur Motta Naluns (Gondelbahnen von Scuol und Bergrestaurants). Nördlich hinauf, rechts unterhalb der Nalunshütte vorbei, hinab nach Jonvrai (2200 m), Skiliftstationen, und zuerst südlich, dann südöstlich über den Hof Vastur (1764 m) hinab nach Sent (1430 m), dessen Architektur (Engadiner Häuser mit Senter Barockgiebel) uns wieder ein neues Bild vermittelt. Es lohnt sich eigentlich nicht, auf den Bus nach Scuol zu warten – in einer gemütlichen Dreiviertelstunde ist man auf dem schönen Wanderweg auch zu Fuß unten.

12. Tag: Sent – Kurhaus Sinestra (1524 m) – Vnà (1602 m) – Tschlin (1533 m); 15 km, 4 Stunden.
Um von Scuol nach Sent zu kommen, brauchen Sie nicht unbedingt den Bus zu benützen; zu Fuß sind Sie in einer Stunde auch dort. Von Sent auf einem Fahrweg durch schattige Wälder ins Val Sinestra zum ehemaligen Kurhaus Sinestra (1524 m, Arsenquelle). Über die Branclabrücke und auf der linken Talseite zum Dörfchen Vnà (1602 m), das wie ein Schwalbennest am Hang klebt und eine besuchenswerte Kirche aufweist. Östlich durch den Wald zu P. 1696 und zur Weggabelung. Links weiter an den Chilchèrashütten (1701 m) vorbei ins Val Ruinains und östlich nach Tschlin (1533 m), der einstigen Kornkammer des Tales.

13. Tag: Tschlin – Vinadi (1086 m); 10 km, 3–3½ Stunden.
Von Tschlin (Bus von Scuol) nördlich ins Val da Chaflur und nördlich hinauf zur Wegteilung bei P. 1672. Rechts weiter über Mundaditschas (1718 m), Vadrain, das Hochtal Mundin durchquerend, hinab nach Vinadi (1086 m) am Straßenknotenpunkt Landeck-Scuol-Samnaun; Postbus nach Scuol.

Führer/Karten: SAC-Führer Bündner Alpen, Band V »Bernina-Gruppe«, Band VI »Albula«, Band IX »Unterengadin«, Band III »Avers-Misox und Calanca«, Band VIII »Silvretta und Samnaun« und Band X »Mittleres Engadin und Puschlav«. Alpenvereinsführer »Silvrettagruppe« von Walther Flaig, »Samnaungruppe« von Paul Werner und Ludwig Thoma, BV München. Schweizer Wanderbuch, Band 3 »Oberengadin«, Band 4 »Unterengadin«, Verlag Kümmerly + Frey, Bern. Wanderführer »Der Schweizerische Nationalpark« von Robert Schloeth, Ringier-Verlag, Zürich; wissenschaftlicher Führer »Durch den Schweizerischen Nationalpark«, herausgegeben von der Kommission für wissenschaftliche Erforschung des Nationalparkes, Kunst und Kultur in Graubünden, herausgegeben vom Verkehrsverein Graubünden, Verlag Paul Haupt, Bern.
Wanderkarten 1:50 000 »Unterengadin, Samnaun, Nationalpark, Val Müstair« und »Oberengadin, Bernina, Oberhalbstein« (Verlag Kümmerly + Frey, Bern). Landeskarten der Schweiz: 1:100 000 als Übersicht, Blatt 39 »Flüelapaß«, Blatt 44 »Malojapaß«.

König Ortler

Der Ortler (3905 m) im obersten Suldental (Südtirol) ist ein Riesenklotz aus Fels und Eis, der jeden Betrachter beeindruckt. Am schönsten wirkt er als mächtige Pyramide von Nordosten aus der Gegend des Ruhmwalderbergs bei Sulden. Auf der Fahrt durchs Trafoier Tal zum Stilferjoch sieht man ihn als breites, gleißendes Massiv, mit zerrissenen Gletschern. Kommt man als Reisender von Nauders über den Reschenpaß, dann glitzert er drohend und abweisend unterm tiefblauen Himmel. Treffend sagt der Volksmund:

Nauders, ein Ort des Schauders;

Mals – ist noch nit alls;

Schlanders – da werdts schon anders,

Meran geht's Leben an.

Auf den Ortler bezogen, müßte man noch hinzufügen: Sulden – lernt man s'Dulden. Oder noch vor hundert Jahren, ohne Fremdenverkehr: Sulden – da gibt's koan Gulden. Denn Sulden, am Ostfuß des Berges, liegt nahe dem »End' der Welt«. Die Suldner Bauern hatten sich damit abgefunden, daß der Herrgott sie auf den kargen, steinigen Boden des hintersten Talwinkels gesetzt hat. Nicht zufällig heißt der östliche Gletscher, dessen Zunge am weitesten hinabreicht und sich in die Weiden frißt: »End'-der-Welt-Ferner«.

Aber die Suldner entwickelten sich zu wackeren, treuen und auch mutigen Bergführern, so daß der Herrgott ihren steinigen Talwinkel dann doch noch auf andere Weise fruchtbar machte. Denn Eisen, Beton und Stahl gedeihen hier prächtig: Hotels, Bergbahnen. Und gäbe es heute statt Lire noch Gulden, dann sagte der Volksmund bestimmt: Sulden – da gibts viel Gulden. Aber bereits während der österreichischen Guldenzeit gab es am Ortler eine Seilbahn: von Sulden bis zur Payerhütte, dreieinhalb Kilometer lang, mit rund 2200 Meter Höhenunterschied und zwanzig Minuten Fahrzeit. Doch nicht für Touristen, sondern für Soldaten und deren ziemlich gefährliches Material. Dies war im Ersten Weltkrieg, als der Ortler höchster Frontpunkt zwischen Italien und Österreich war. Überall am Berg gab es Stellungen, auch in den Tiefen des Gletschereises, sogar schwere Geschütze waren aufgestellt. Ihr Donner ließ jede Lawine verstummen. Und dennoch gab es in diesem Gebirgskrieg mehr Opfer durch Steinschlag, Schneesturm und Lawinen als durch Kampfhandlungen. Heute hört man am Ortler Gott sei Dank nur noch Lawinen donnern. Aber die Geschichte des Ortlers hatte lange vor diesen dunklen Jahren ihren Anfang.

Der Tiroler Landvermesser Peter Anich fand bereits vor über zweihundert Jahren (1774) für den »Atlas tyroliensis« heraus, daß der Ortler »der höchste Spiz im ganzen Land Tyrol« sei. Das ist immer noch so, auch wenn Tirol und Südtirol heute zwei verschiedenen Staaten angehören. Der Ortler als Fast-Viertausender war höchster Berg der Donaumonarchie, sogar der ganzen

Ostalpen, denn damals waren sich die Geographen noch nicht einig, ob der Piz Bernina (4049,1 m) den Ostalpen zuzuordnen ist. Und außerdem war man bis etwa 1800, als der Altgraf Salm-Reifferscheid, Fürstbischof von Gurk, den Großglockner (3797 m) von den Brüdern Klotz aus Heiligenblut erstbesteigen ließ, der festen Überzeugung, daß dies Österreichs höchster Berg sei.

Aber Erzherzog Johann, der Bergsteiger aus dem Hause Habsburg, hörte bereits Vermutungen, daß der Ortler höher sei als der Glockner. Also gab er Anweisung zur Erstbesteigung des Ortlers. Den Auftrag bekam der Genieoffizier Doktor Gebhard, der Führer anwarb und das Unternehmen organisierte. Fünf Versuche scheiterten. Der sechste Anlauf glückte: am 27. September 1804 – im gleichen Jahr, als sich Bonaparte als Napoleon I. zum Kaiser der Franzosen ernannte – stand Joseph Pichler aus dem Passeiertal, genannt Passeyrer-Josele, begleitet von zwei wackeren Zillertalern, auf dem Ortlergipfel. Erstaunlich ist, daß ihre Route von Trafoi über den Unteren Ortlerferner und die »Hinteren Wandl'n« gar nicht die leichteste Aufstiegsmöglichkeit nützte, sondern über den höchsten Steilabfall führte: 2350 Höhenmeter vom Gipfel nach Trafoi. Heute gibt es am Ortler an die zwei Dutzend Anstiege, leichte, schwierige, gefährliche.

Wir waren in der Tabarettahütte, Werner Groß und ich. Von der Tabarettahütte zur Nordwand sind es höchstens fünfzig Minuten. Werner Groß hat ein unberechenbares Temperament. So ganz auf die Schnelle bugsierte er mich in München in sein Klapperauto – »komm', mach schnell, wir packen den Ortler«, sagte Werner.

Erst in der Tabarettahütte konnte ich mich um den Ortler kümmern. Genauer: um die Ortlerwand. Denn die »Hinteren Wandl'n«, über die der Passeyrer-Josele auf den Gipfel gelangt war, interessierten den Werner nicht; sie sind ja auch tatsächlich auf der hinteren Seite des Berges. Auf der vorderen Ortlerseite ist die Nordwand, die Ortlerwand: 1400 Meter hoch, genaugenommen eine riesige Eisrinne, links und rechts Felswände, von den Münchnern Hans Ertl und Franz Schmid 1931 nach siebzehnstündigem Einsatz erstmals durchstiegen. Beim ersten Wiederholungsversuch gab es gleich zwei Tote.

In der Tabarettahütte konnte ich im Ortler-Führer über die Geschichte des Berges ein Zitat aus dem großen Werk »Erschließung der Ostalpen« (1894) lesen: »Nur wer es über sich bringt, sein Leben und das seiner Gefährten völlig zu mißachten, der wird diesen Aufstieg ernstlich versuchen.«

Ich schaute zur Ortlerwand, sagte zu Werner ein paar bedenkliche Worte. »Mensch, die haben damals ganz schön die Hosen voll gehabt«, entgegnete der ohne Respekt vor unseren Bergsteiger-Großvätern.

Ich las weiter, den Text des Erstbezwingers Hans Ertl, der immerhin noch unser Vater sein könnte: »An dieser 1400 Meter hohen Wand, einer lotrechten Eismauer, zu deren beiden Seiten reiche Vorräte an Stein- und Eisschlag-Munition in den Wülsten und Überhängen vorbereitet sind, haftet das Auge des gewöhnlichen Sterbenden nur mit Grauen. Und wer dem Toben und Heulen der Stein- und Eislawinen gelauscht, die von Zeit zu Zeit die Wand herabdonnern, die Steinlawinen vom Rotböckgrat links und vom Tschirfeck rechts, die Eislawinen von den Überhängen in der Rinne, der wendet entsetzt seinen Blick weg von dem schaurigsten aller Erdenwinkel und kann verstehen, daß es bisher keinem Menschen gelang, sich dort einen Weg zum Ortlergipfel zu erkämpfen.«

Durchschnittlich sei die Wand sechzig Grad steil, auf langen Strecken siebzig Grad, teilweise achtzig Grad und senkrecht. Und das alles nicht weit entfernt von dem Gletscher, der »End' der Welt« heißt.

Ich spürte, wie meine Handflächen feucht wurden. Weil ich Lawinen wirklich nicht mag, weder aus Stein noch aus Eis. »Der Ertl war auch nur ein Mensch – und die Steilheit einer Eiswand wird meistens überschätzt.«

Gegen Werner war nicht aufzukommen; die achte Begehung war für ihn eine beschlossene Sache. Sternklare Nacht. Die Lichter unserer Stirnlampen tasteten sich durch die finstere Bergwildnis. Sonst war alles still. Anseilen. Aufstieg. Fester Firnschnee, herrliches Steigen, schwitzende Körper, immer steileres Eis. Aber noch kein Meter mit sechzig Grad.

»Das ist doch 'ne Schau!« schrie Werner begeistert, denn die Ortlerwand wurde für uns eine wahre Genußtour. In Wandmitte packte ich meine Überraschung aus: »Jetzt gibts einen Festschmaus. Traudl hat mir eine Zweikilodose mit Huhn eingepackt, fürs Biwak. Die machen wir jetzt heiß!«

»Du hast Nerven – jetzt, wo die Sonne kommt, los, weiter, sonst wird die Wand doch noch lebendig!« protestierte Werner. Zwei Kilo sind in der Ortlerwand mehr als zwei Kilo!

Quergang nach links, kurze Steilstufen, die für ein paar Meter tatsächlich sechzig Grad aufweisen, Firnflanke, Steilstufen, Gipfel, Vormittag.

»Aber jetzt heißes Huhn!« sagte ich, mit der Zunge schnalzend.

»Jetzt kochen wir zuerst Tee, hab' verrückten Durst!«

Wir kochten Tee, viel Tee. Bis kein Benzin mehr da war. Abstieg. Ich mit der Zweikilodose Huhn im Rucksack. Tabarettahütte, wir waren glücklich – und hatten Hunger. Brodelndes, dampfendes Huhn in der Pfanne, die Werner in der letzten Sekunde umschmiß. Dampfendes Huhn im Herd, auf dem Herd, auf dem Boden . . .

Am Ortler muß man nicht unbedingt die Nordwand durchsteigen. Die bergsteigerisch schönste Möglichkeit ist die Überschreitung: Aufstieg über den großartigen Hintergrat (II), Abstieg auf der Normalroute über die Payerhütte. Von der Hintergrathütte (1½ Stunden von der Schaubachhütte, Seilbahn von Sulden) braucht man für den Hintergrat, der durch einige Seilsicherungen entschärft ist, fünf bis sechs Stunden. Die Schwierigkeiten sind gering (nur einige kurze Stellen II, sonst I, Firn/Eis etwa 40° und weniger), aber immerhin sind es bis zum Gipfel 1300 Höhenmeter. Und die Normalroute zur Payerhütte (900 m, 2½ Stunden) darf nicht unterschätzt werden (Gletscher mit Spalten). Mit dem »König Ortler« läßt sich's nicht spaßen – er verlangt Erfahrung.

Aber auch im Schatten des Ortler lassen sich schöne Bergtage gestalten, auf mehreren lohnenden Wanderrouten, um die Hochgebirgswelt von Ortler und Königsspitze bewundern zu können: Von der Kanzel (Sessellift von Sulden) nördlich zur Düsseldorfer Hütte (1½ Stunden) – Abstieg durchs Zeytal nach Sulden (1½ Stunden); seine sehr schöne Zugabe von der Düsseldorfer Hütte ist das Hintere Schöneck, ein Dreitausender-Aussichtsberg ersten Ranges (Weg, 1 Stunde), und viele andere Möglichkeiten mehr.

Karten/Führer: AVF »Ortlergruppe« und Kleiner Ortler-Führer, beide von Peter Holl, BV, München. Freytag-Berndt-Wanderkarte 1:50 000, Blatt 6 »Ortlergruppe, Martell, Val di Sole«.

Poschiavo – unbekanntes Bergland

Über das Poschiavo mußt du leise reden, flüstern, wie über eine stille, heimliche Liebe, die unendlich schön ist und die du keinem andern gönnst.

Das 27 Kilometer lange Val Poschiavo (sprich Poski'avo), vom Poschiavino durchflossen, beginnt im Hochtal Val Agoné an der Forcola di Livigno (2315 m), die zugleich Staatsgrenze zu Italien ist, und mündet durch den schluchtartigen Auslauf Campocologno bei Tirano ins italienische Valtellina (Veltlin). Straße und Berninabahn, Europas höchste Adhäsionsbahn (1906–1910 erbaut), führen über den Berninapaß (2323 m) und verbinden das Tal auch mit Tirano, denn wirtschaftlich ist das Val Poschiavo sehr stark mit dem Veltlin verflochten – kein Wunder, sind doch Bahn und Straße ins Stammland Graubünden im Winter oft tagelang unterbrochen.

Im Tal sind wir umgeben von Palazzi, von meist barocken Kirchen, viele besuchenswert; in Poschiavo, in den kleinen Dörfern weiter draußen, und schließlich in Brusio, von wo die Straße gleich hinuntersticht durch die Campocologno-Schlucht ins Veltlin, das von 1512 bis 1797 Bündner Untertanenland und Graubündens Weinkeller war. Hauptort des Tales ist Poschiavo, nordwestlich des gleichnamigen Sees gelegen, der durch einen vorgeschichtlichen Bergsturz entstanden ist und zu einem zwei Quadratkilometer großen Stausee ausgebaut wurde. Nördlich von Brusio, neunhundert Meter über dem See, liegt oben auf einer felsigen Aussichtswarte San Romerio (1795 m). Dort findet man eine alte Kirche und bei der nahen Alpe zwei Trulli: kuppelgewölbte einräumige Hütten aus ungemörteltem Stein, eine uralte Bauart, wie sie schon die Bronzezeit kannte. Früher waren die Trulli bewohnt, heute dienen sie als Vorratskammern. Und von San Romerio aus hat man einen grandiosen Ausblick auf die »hintere Seite« der Bernina-Berge.

Im Poschiavo treffen sich die Herbe des Gletscherwindes und die Milde des Südens, die aus dem Veltlin in die Berge hinaufsteigt, hier treffen sich verspielte südliche Heiterkeit und die Schatten der Bergwildnis. Als ich vor vielen Jahren zum erstenmal in dieses Tal kam und auf dem Hauptplatz von Poschiavo einen Espresso genoß, sagte ich spontan: »Hier könnte ich sofort leben«, ohne es genau erklären zu können. Und so ist meine Liebe zum Poschiavo immer stärker und größer geworden. Vielleicht habe ich hier ein früheres Leben verbracht – vielleicht ist es aber auch nur wegen der Schönheit des Landes.

Vor dreihundert Jahren allerdings hätten mich keine zehn Pferde ins Poschiavo gebracht, denn da wurden von der Pest ganze Dörfer ausgerottet, und schlimmer noch als im übrigen Europa herrschte hier der Hexenwahn, der sechzig Frauen und Mädchen den Kopf kostete und zwanzig auf den Scheiterhaufen brachte.

In der Bergeller Granitwelt mit ihren bizarren Linien, hier am Einstieg der Bügeleisenkante an den Pizzi Gemelli, im Hintergrund die Scioragruppe.

In Bergell's granite world with its bizarre outlines, here at the entrance to Bügeleisenkante on Pizzi Gemelli, in the background the Sciora group.

Nächste Seite:
Das ungewöhnlich schöne Bergeller Bergdorf Soglio. Über der Kirche das Val Bondasca (ein herrliches Wandergebiet) und die Scioragruppe, rechts Bondascagruppe mit Piz Cengalo (links) und Piz Badile, berühmte Granit-Kletterberge.

Following page:
The unusually beautiful mountain village of Soglio in Bergell. Above the church the Bondasca Valley (a wonderful hiking area) and the Sciora group, on the right Bondasca group with Piz Cengalo (on the left) and Piz Badile, famous granite mountains.

126

Heute geht es im Poschiavo friedlich zu, und es gibt auch keine Hexen mehr. Aber verzaubert wirst du immer wieder von diesem Tal und seiner Landschaft, die vor allem dem Wanderer mit vielen reizvollen Möglichkeiten aufwartet.

Die schönsten Wanderrouten

Den Poschiavo-Auftakt sollte man im Rahmen einer sehr schönen und gefahrlosen Bergabwanderung machen, vom Berninapaß (Berninabahn) nach Poschiavo (4 Stunden): vom Bernina-Hospiz zum südlichen Ende des Lago Bianco (40 Minuten) – Alp Grüm (30 Minuten) – Cavaglia (1 Stunde) – Cadera (1 Stunde) – Poschiavo (1 Stunde). Dann müssen wir uns den Panoramaweg über San Romerio unter die Füße nehmen (6¼ Stunden): von Poschiavo südöstlich nach Cologna (¼ Stunde) – Barghi (1.10 Stunden) – San Romerio (2½ Stunden) – Viano (1 Stunde) – Brusio (1¼ Stunden). Jetzt ist es an der Zeit, das ungewöhnlich schöne Val di Campo zu erobern; da gibt es viele Möglichkeiten, von denen Sie einige auskosten sollten.

Führer/Karten: In der Reihe »Schweizer Wanderbücher« ist Band 32 (»Puschlav«) dem Poschiavo gewidmet (41 Wanderwege-Beschreibungen mit vielen kunsthistorischen Hinweisen); dazu die ausgezeichnete Wanderkarte »Valle di Poschiavo« 1:50 000, beide Kümmerly + Frey, Bern.

Vorhergehende Seite:
In der mit Eiszapfen verzierten Schlucht des Sapüntales bei Langwies ist man am zweiten Tag der Graubünden-Skiroute unterwegs.

Previous page:
On the second day along the Grison ski-route one reaches the Sapün Valley ravine covered with icicles which is near Langwies.

Der Oberalpstock bei Disentis gehört zu den lohnendsten Skidreitausendern und bildet den Höhepunkt der Graubünden-Skiroute von Klosters nach Andermatt.

Mount Oberalpstock near Disentis is one of the most rewarding ski-mountains reaching over three thousand metres and it is the highpoint of the ski-run from Klosters to Andermatt.

Faszination Granit

Als Bergsteiger mußt du einmal die Faszination Granit erlebt haben, seinen Geruch eingeatmet und seine rauhe Körnigkeit in den Händen gespürt haben, die feste, kompakte Masse dieses Ur-Gesteins mit seinen scharflinigen Kanten, wie Säulen aufstrebenden Pfeilern und haltlosen Plattenfluchten. Granit, das ist Endgültiges, Bleibendes. Niemand hat ihn je besser verstanden und beschrieben als Goethe, auch wenn er nie einen bedeutenden Granitberg bestiegen hat. Aber Goethes Interesse für Geologie, besonders im Rahmen seiner zweiten Schweizer Reise 1779, brachte die wissenschaftliche Auseinandersetzung mit dem Gestein. Seinen kaum bekannten Aufsatz »Über den Granit« (1784) sollte jeder Bergfreund wenigstens auszugsweise kennen:

»... Jeder Weg in unbekannte Gebirge bestätigte die alte Erfahrung, daß das Höchste und das Tiefste Granit sei, daß diese Steinart, die man nun näher kennen und von anderen unterscheiden lernte, die Grundfeste unserer Erde sei, worauf sich alle übrigen mannigfaltigen Gebirge hinaufgebildet. In den innersten Eingeweiden der Erde ruht sie unerschüttert, ihre hohen Rücken steigen empor, deren Gipfel nie das alles umgebende Wasser erreichte ... Auf einem hohen nackten Gipfel sitzend und eine weite Gegend überschauend, kann ich mir sagen: Hier ruhst du unmittelbar auf einem Grunde, der bis zu den tiefsten Orten der Erde hinreicht, keine neuere Schicht, keine aufgehäufte zusammengeschwemmte Trümmer haben sich zwischen dich und dem festen Boden der Urwelt gelegt, du gehst nicht wie in jenen fruchtbaren schönen Tälern über ein anhaltendes Grab, diese Gipfel haben nichts Lebendiges erzeugt und nichts Lebendiges verschlungen, sie sind *vor* allem Leben und *über* alles Leben. In diesem Augenblicke, da die innern anziehenden und bewegenden Kräfte der Erde gleichsam unmittelbar auf mich wirken, da die Einflüsse des Himmels mich näher umschweben, werde ich zu höhern Betrachtungen der Natur hinaufgestimmt, und wie der Menschengeist alles belebt, so wird auch ein Gleichnis in mir rege, dessen Erhabenheit ich nicht widerstehen kann. So einsam, sage ich zu mir selber, indem ich diesen ganz nackten Gipfel hinabsehe und kaum in der Ferne am Fuße ein geringwachsendes Moos erblicke, so einsam sage ich, wird es dem Menschen zu Mute, der nur den ältesten, ersten, tiefsten Gefühlen der Wahrheit seine Seele eröffnen will. Ja, er kann sich sagen: Hier auf dem ältesten, ewigen Altare, der unmittelbar auf die Tiefe der Schöpfung gebaut ist, bringe ich dem Wesen aller Wesen ein Opfer. Ich fühle die ersten festesten Anfänge unseres Daseins, ich überschaue die Welt, ihre schrofferen und gelinderen Täler und ihre fernen fruchtbaren Weiden, meine Seele wird über sich selbst und über alles erhaben, und sehnt sich nach dem nähern Himmel. Aber bald ruft die brennende Sonne Durst und Hunger, seine menschlichen Bedürfnisse zurück. Er sieht sich nach jenen Tälern um, über die sich sein Geist schon hinausschwang, er beneidet die Bewohner jener fruchtbaren, quellreichen Ebene, die auf dem Schutte von Trümmern und Irrtümern und Meinungen ihre glücklichen Wohnungen aufgeschlagen haben, den Staub ihrer Voreltern aufkratzten und das geringe Bedürfnis ihrer Tage in einem engen Kreis ruhig befriedigen. Vorbereitet durch diese Gedanken, dringt die Seele in die vergangenen Jahrhunderte hinauf, sie vergegenwärtigt sich alle Erfahrungen sorgfältiger Beobachtung, alle Vermutungen feuriger Geister. Diese Klippe, sage ich zu mir selber, stand schroffer, zackiger, höher in den Wolken, da dieser Gipfel noch aus einer meerumflossenen Insel in den alten Wassern dastand, um sie sauste der Geist, der über den Wogen brütete, und ihrem weiten Schoße die höheren Berge aus dem Trümmern des Urgebirgs, und aus ihren Trümmern und Resten der eigenen Bewohner die spätern und ferneren Berge bildet. Schon fängt das Moos sich zu erzeugen an, schon bewegen sich seltener die schaligen Bewohner des Meeres, es senkt sich das Wasser, die höhern Berge werden grün, es fängt alles an, von Leben zu wimmeln ...« (Aus Goethe-Gesamtausgabe, Band Naturwissenschaften, Müller-Kiepenheuer, Bergen 1952).

Leider hat der bergsteigende Dichterfürst Johann Wolfgang Goethe nie die Granitberge des Bergells gesehen, sonst wäre vielleicht ein großes Epos entstanden. Denn schöner, großartiger und wilder als dort kann granitene Bergwelt nicht sein. Im Bergell ist die Welt der Bergsteiger noch in Ordnung. Klar und jung wie der Granit dieser wilden Nadeln, Türme und Riesenklötze aus Fels, bekannt als jüngster Granit der Alpen. Namen, die für den Bergsteiger wie eine zauberhafte Melodie klingen: Badile, Cengalo, Sciora, Bondasca, Albigna, Forno.

Natürlich sind diese Granitberge vorwiegend nur von guten bis sehr guten Kletterern erreichbar. Aber in den letzten Jahren ist das Bergell auch von Wanderern entdeckt worden. Im Schatten der Granitriesen kann praktisch die ganze Gruppe umrundet werden, von Hütte zu Hütte.

Wer das Bergell einmal erlebt hat, wird immer wieder eine stille Sehnsucht empfinden für diese hinreißend schöne, ungewöhnliche Granitwelt.

Die Graubünden-Skiroute: von der Parsenn zum Gotthard

Die Graubünden-Skiroute ist keine Skihochroute im klassischen Sinn, sondern ein sechstägiges Super-Skivergnügen meist abseits der Pisten, von mir ausgetüftelt und Anfang Februar 1981 »getestet«. Dann gab es für mich keinen Winter mehr ohne Graubünden-Skiroute. Denn sie führt durch eine der bezauberndsten und vielseitigsten Skilandschaften der Alpen.

»Nachfahrer« müssen vor allem gut skifahren können. Es gibt lediglich drei Aufstiege: zwei mit dreißig Minuten, einen mit zweieinhalb Stunden. Der Rest besteht aus Abfahrten: fünfzehn bis dreißig Kilometer pro Tag. In sechs Tagen über 140 Kilometer mit 21 800 Höhenmetern – ungetrübte Abfahrtsfreude mit leichtem Gepäck und fast immer abseits des Pistenrummels, auch wenn Lifts und Seilbahnen für den schnellen »Aufstieg« benützt werden. Genächtigt wird zweimal in gemütlichen Hütten, sonst in guten Hotels, also mit allem Komfort.

Der Routenverlauf ist denkbar einfach und logisch, wenn man ihn so liest: Klosters – Weissfluh – Langwies – Arosa – Churwalden – Dreibündenstein – Domat/Ems – Flims – Piz Vorab – Brigels – Disentis – Oberalpstock – Sedrun – Oberalppaß – Andermatt – Gemsstock. Aber erzählen Sie mal in Klosters einem Bündner, der seine Skiheimat zu kennen glaubt, daß Sie auf eine Skireise nach Andermatt starten! Er wird Sie gleich mit großen Augen anstarren und verständnislos den Kopf schütteln, als würden Sie schnell mal auf den Mond reisen wollen – mit Ski, versteht sich.

Einsamkeit im »Heimeli«

»Wir« waren nur zwei: der Hermann aus dem Schwarzwald und ich. Ich nannte Hermann, das Riesenmannsbild von gut 190 Zentimeter Länge, gelegentlich »Hermännle« oder »Schwarzwälderle«, weil er beim Abfahren federleicht aussah – besonders wenn faustdicke Bruchharschplatten spielerisch durch die Luft wirbelten, als wären die plötzlich zu schwereloser Materie geworden. Wir schaukelten mit der ersten Gotschnagratbahn-Kabine hinauf ins Parsenngebiet, fuhren uns ein bißl warm und waren bald auf dem Weissfluhgipfel, wo wir uns den ersten Kaffeeluz (Kaffee mit Schnaps im Glas) genehmigten. Und weil Hermann das Parsenngebiet nicht kannte, war es eine ausgemachte Sache, daß wir uns die berühmte Parsenn-Abfahrt nach Küblis unter die Bretter nahmen. Denn das riesige Skigebiet Davos-Klosters ohne Parsenn-Abfahrt hinter sich zu lassen, wäre eine unverzeihliche Unterlassung. Eine gute halbe Stunde später brachte uns nach dieser Vormittagseinlage die Rhätische Bahn von Küblis zurück nach Klosters. Auf dem Weissfluhgipfel gabs dann Geschnetzeltes und Rösti; der Kellner muß uns den Parsenn-Kohldampf schon in der ersten Sekunde angesehen haben, denn er schleppte ganze Berge an. Und Dôle gab es auch – den nannte der Kellner beim zweiten Liter »Saltosirup«. Ein Skitag mit Traumwetter.

Wir fuhren los. Gegen Südosten in Richtung Hauter Tälli, wo uns bald jungfräulicher Tiefschnee umgab. Tiefschnee, wie ihn normal nur Phantasten beschreiben können – vierzig bis fünfzig Zentimeter, leicht und locker wie Eiderdaunen bester Qualität. Wir zopften den Steilhang hinab, als wären wir die einzigen Skifahrer der Welt gewesen, in absoluter Einsamkeit – zehn Minuten von einem der berühmtesten Skizentren entfernt! Wir mußten immer wieder stehen bleiben und lachen und uns gegenseitig anschreien, weil alles so unglaublich war. Aus dem Schanfiggtal begann schon die Blaue Stunde heraufzukriechen gegen den Berg, auf dessen Hängen zwei kleine Punkte den Märchenbuchschnee aufstäuben ließen. Dann hatte uns der tiefe Graben des Hauter Tälli, der hinaus führt nach Sapün. Schon tauchten am rechten Hang die ersten Maiensäss-Hüttchen als braune Tupfer auf – Minuten später waren wir im »Heimeli«.

Das Berghaus Heimeli liegt auf 1831 Meter, ist an die sechshundert Jahre alt und eine urgemütliche Bleibe. Wir waren die einzigen Gäste und genossen es, von Fritzi und Ruedi Merki verwöhnt zu werden.

Auf dem Balkon von Chur

Zunächst gilt es, vom Heimeli nach Langwies im Schanfigg zu kommen: das sind gut fünf Kilometer mit rund fünfhundert Höhenmetern. Nach zehn Minuten waren wir in Sapün, ein Kleinod von Walserdorf, mit vielen an die fünfhundert Jahre alten Häusern; es war früher von dreißig Familien bewohnt, heute leben noch drei Familien das ganze Jahr in diesem reizenden Nest. Von Sapün nach Langwies gab es einigen Skihorror, denn der etwa zwei Meter breite Fahrweg, von Ruedis Raupenfahrzeug plattgewalzt, war die einzige Abfahrtsmöglichkeit. Da fährst du sonst die verrücktesten Steilhänge und atemberaubende Waldschneisen – und wirst auf einem Fahrweg, der zugegeben steil ist und an Abgründen vorbeiführt, von der nackten Angst gepackt, weil du ein miserabler Stemmpflugfahrer bist und die verdammten Brettl immer viel zu viel Tempo bekommen.

Taxifahrt von Langwies die neun Kilometer nach Arosa zur Hörnlibahn-Talstation. Dieser Kontrast schon am Vormittag: wir frühstückten in vollkommener Abgeschiedenheit und waren jetzt im superfeinen Luxusbetrieb von Arosa. Nach Gondelbahn-Auffahrt gab es in der Hörnlihütte den ersten Luz des Tages.

Abfahrt in Richtung Urdental über herrliche Nordhänge und wieder in absoluter Einsamkeit. »Geisterhang«, vierhundert Meter hoch und ganz schön steil. An den rechten Talflanken sahen wir einige Steinböcke, die uns kaum beachteten. Spazierfahrt hinaus nach Tschiertschen mit seinen hübschen Holzhäusern. Mit einem langen Schlepper gewannen wir wieder Höhe; nach kurzer Zwischenabfahrt brachte uns ein zweiter Lift auf das Churer Joch hoch über Chur.

Im Berghaus Jochalp gab es Riesenschüblig und Veltliner, den wir uns leisten konnten, denn Brambrüesch, unser heutiges Ziel, sahen wir bereits auf der anderen Talseite. Gemütliche Abfahrt in Richtung Churwalden, das wir zuletzt über rassige Waldlichtungen reichlich übermütig erreichten. Gleich anschließend pendelten wir mit den beiden Pradaschier-Lifts gut tausend Höhenmeter hinauf nach Wildegga südlich des Dreibündensteins. Das Finale war zuerst Langlauf, dann eine mittelrassige Abfahrt nach Brambrüesch, dem Aussichtsbalkon von Chur; einige Chalets und Berggasthäuser.

Heute waren es 28 Ski-Kilometer mit 3350 Höhenmetern. (Auf Brambrüesch gibt es aber oft Platzprobleme, so daß es besser ist, von Wildegga direkt nach Domat/Ems abzufahren. Dann kann man den ganzen dritten Tag der »Weißen Arena« von Laax/Flims widmen; Ausnutzung des Tagesskipasses!).

Durch die Weiße Arena

Am Morgen des dritten Tages Auffahrt mit Schlepp- und Sessellift auf den Dreibündenstein mit einmaliger Sicht auf das Rheintal, das bei Domat/Ems fast 1600 Meter tiefer liegt.

Die Abfahrt nach Domat/Ems ist eine heiße Sache, und man ist auf ihr fast immer allein: Steilhänge, lichte Waldstücke, hochromantische Maiensäss-Lichtungen, alles in perfekter Nordlage mit begeisterndem Pulverschnee. Nach rund 1200 Meter begann der Schetgawald, der so steil und felsdurchsetzt ist, daß man ihn einfach nicht befahren kann. Aber da war wieder eine meiner Lieblingsstrecken – ein verteufelter Fahrweg, der zu allem Unglück auch noch steil und gepflügt war. Der Hermann, dieser Lump, kicherte schadenfroh vor sich hin wie der Leibhaftige und ließ es im Pflug verhalten laufen. Ich spreizte die Beine, daß ich Angst bekam, gespalten zu werden, und entwickelte dennoch beängstigendes Tempo – und es gab kein Ausweichen. Zweimal warf ich mich verzweifelt rechts auf den Schneebord, bereits das Ende in Sicht, ließ ich's bolzen – die letzte Kurve glich einer Bobsteilwandkurve, die ich nicht genau erwischte... die Fliehkraft warf mich gegen die Wand... Sterne am hellichten Vormittag, Brummschädel, Schimpfkanonade auf winterliche Fahrwege, die ich immer schon haßte wie die Pest.

Die Weiße Arena. Wir pendelten und bolzten sie am Nachmittag durch nach Laax, inklusive Cassonsgrat und Piz Vorab, und das fast immer abseits der Pisten.

Ins Bündner Oberland

Gleich nach dem Frühstück schaukelten wir mit den Laaxer Bahnen auf den Piz Vorab. Herrlicher Steilhang in das große Kar Plaun Grond, lange Schrägfahrt südwestlich zur einsamen Fuorcla Ranasca (2199 m). Nicht minder herrliche Westhänge brachten uns hinab zur Alp Ranasca Dado – da war wieder ein Fahrweg, aber mit viel Schnee, so daß es für mich keine Probleme gab. Bald erreichten wir Panix im gleichnamigen Tal (Pigniu), das wir querten, um auf der anderen Talseite über Andiast nach Waltensburg zu kommen. Von dort brachten uns ein Sessellift und ein Schlepper auf den Fils (2418 m), höchster Punkt im schönen Skigebiet Brigels-Waltensburg. Die weiten Hänge hinab nach Brigels bildeten den Tagesausklang. Der Abend sah uns in Disentis.

Superskiberg Oberalpstock

Dem Oberalpstock (3327 m) müßte man mehrere Tage widmen. Immer noch herrlichstes Wetter. Mit Großkabinenbahn und drei Schleppern zum Fuß des

Piz Ault, Aufstieg in die Aultscharte, zuletzt an einem Fixseil über steilen Fels, kurze Abfahrt zum Brunnifirn, zwei gemütliche Aufstiegsstunden, um auf dem einmaligen Aussichtsberg zu thronen. Die Val-Strem-Abfahrt hat es in sich! Sie gehört zu den schönsten und rassigsten, die wir kennen: zweitausend Höhenmeter bis nach Sedrun – eine wahre Traumabfahrt. Der Schwarzwälder und ich schwelgten in den höchsten Skigenüssen.

Zum Gemsstock bei Andermatt

Am Morgen des sechsten und letzten Tages nahm uns Urs Häflinger, Chef der Disentiser Bergbahnen, unter die Fittiche – er wolle uns die »Direttissima« nach Sedrun zeigen. Urs Häflinger hat für Tourenfahrer immer viel Herz und Begeisterung.

Auffahrt mit Seilbahn und einem Schlepper nach Lai Alv, kurze Abfahrt nach Dadens, mit dem nächsten Schlepper bis auf 2660 Meter, Schrägfahrt bis zum Südostfuß des Piz Pardatschas (2649 m), dessen Südschulter (2383 m) nach wenigen Minuten Aufstieg erreicht wurde. Dann sahen wir

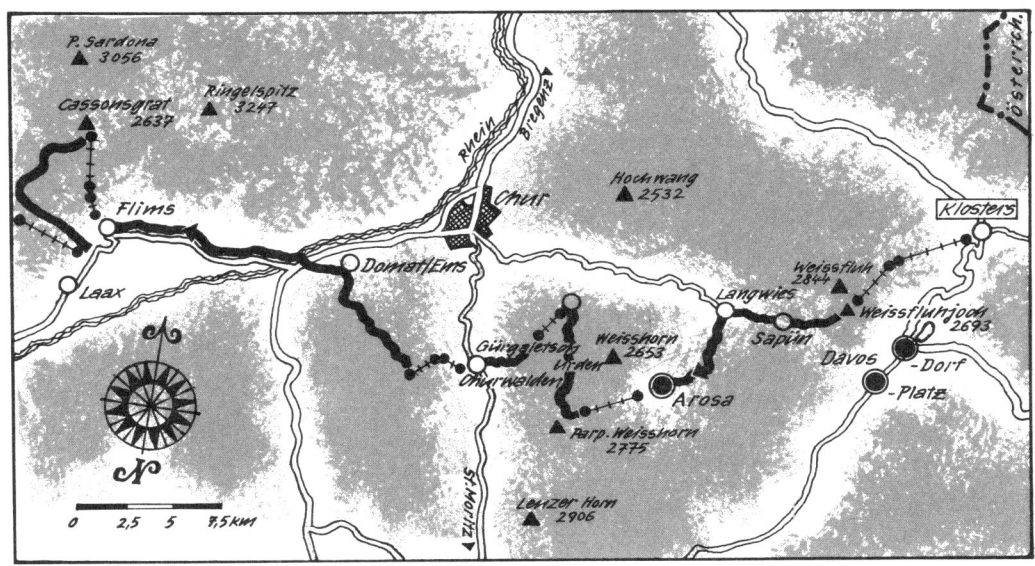

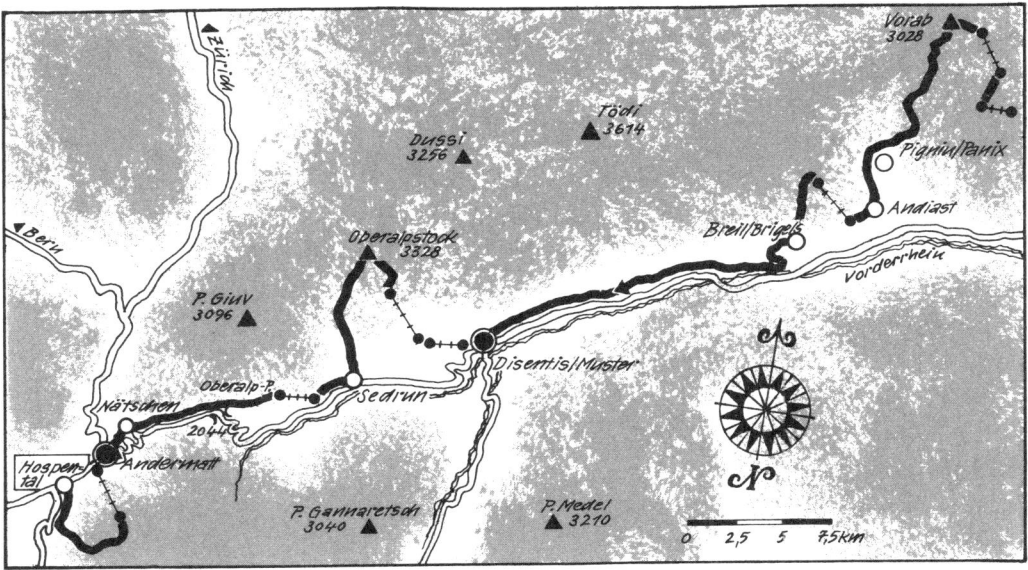

fast tausend Meter tiefer Sedrun – wie aus einem Flugzeug! Ein unglaublicher Hang, mit einer gleichbleibenden Steilheit, wie man sie nur selten erlebt. Wir preschten Urs Häflinger nach – das war schon fast Skifliegen, ein grenzenloses Vergnügen.

In Sedrun beim ersten Luz war es erst zehn Uhr, und es schien, als hätten wir in den letzten zwei Stunden eine ganze Skiwoche erlebt. Dabei hatte der Tag erst begonnen. Auffahrt mit den beiden langen Sedruner Lifts zum Cuolm Val, Abfahrt ins Val Val, halbstündiger Fellaufstieg auf den Calmut, Abfahrt zum Oberalppaß, wo wir wieder einmal auftankten; Geschnetzeltes mit Rösti und Dôle, bereits auf Urner Boden. Langlauf und Doppelstock-Arbeit über den Oberalpsee hinaus nach Nätschen, von wo wir uns noch schnell zum Stöckli hinaufschleppen ließen. Dann kam die Rasseabfahrt (1100 Höhenmeter) nach Andermatt. Eine knappe Stunde später waren wir auf dem Gemsstock (2961 m), der zu den grandiosesten Skipistenbergen der Alpen zählt. Zwei Abfahrten schlossen den Tag ab.

Am Abend unendliche Begeisterung über die faszinierende Woche, die »Graubünden-Skiroute« heißt.

Die Graubünden-Skiroute kann in fast allen Abschnitten variiert werden, an der Weissfluh, am Aroser Weisshorn, beim Churer Joch, in der »Weißen Arena« – man muß nur das Gebiet gut kennen, mit dem Kartenlesen vertraut sein und – vor allem – Ideen haben.

Nach fünf Befahrungen freue ich mich schon wieder auf neue Entdeckungen in den nächsten Wintern.

Sachliches für Nachfahrer
Tagesetappen

1. Tag: Seilbahnauffahrt zum Gotschnagrat und Weissfluhgipfel. Klassische Parsennstrecke (Piste) nach Küblis. Rückfahrt mit der Rhätischen Bahn (RhB) nach Klosters und mit den Seilbahnen erneut zum Weissfluhgipfel. Abfahrt durch Einsamkeit zum Berghaus Heimeli beim uralten Walderdorf Sapün.
Skiabfahrt: 16 km, 3050 Höhenmeter

2. Tag: Abfahrt vom Berghaus Heimeli/Sapün nach Langwies. RhB- oder Taxi-Fahrt nach Arosa (9 km). Gondelbahn-Auffahrt aufs Hörnli, Skiabfahrt durchs Urdental nach Tschiertschen, von wo mittels zweier Schlepplifts und einer kurzen Zwischenabfahrt das Churer Joch erreicht wird. Skiabfahrt nach Churwalden. Mit Pradaschier-Lifts nach Wildegga, Skiabfahrt nach Domat/Ems.
Skiabfahrt: 28 km, 3350 Höhenmeter

3. Tag: Von Domat/Ems (oder Reichenau) Busfahrt nach Flims (15 km) und auf Ski durch die »Weiße Arena« nach Laax. Nächtigung in Laax oder Flims (oder in der Nagens-Hütte, am besten).
Skiabfahrt: 30 km, 4900 Höhenmeter

4. Tag: Mit Seilbahnen und Lift auf den Piz Vorab. Aufstieg (15–20 Minuten) zum Gratsattel zwischen Bündner Vorab (3028 m) und P. 3001. Steile Skiabfahrt in das Kar Plaun Grond, weiter südwestlich zur Fuorcla Ranasca

Schilthorn-Panoramaland bei Mürren in den Berner Alpen. Während (von links) Jungfrau, Gletscherhorn und Ebnefluh im späten Nachmittagslicht aufleuchten, liegt das Lauterbrunnental unter einer dichten Nebeldecke.

A panoramic view from the Schilthorn near Mürren in the Bern Alps. The Jungfrau, Gletscherhorn and Ebnefluh (from the left) are lit up in the late-afternoon sun while, in contrast, the Lauterbrunnen Valley is enveloped in thick fog.

(2199 m) und nach Panix – Andiast und Waltersburg, mit Lifts ins Skigebiet Brigels, Abfahrt nach Brigels, RhB-Fahrt nach Disentis.
Skiabfahrt: 23 km, 3500 Höhenmeter

5. Tag: Mit Seilbahn und Lifts zum Fuß des Piz Ault und Aufstieg zum Oberalpstock (3327 m, 2½ Stunden gemütlich), der zu den großartigsten Skidreitausendern der Alpen gehört. Traumabfahrt durchs einsame Val Strem nach Sedrun (fast 2000 Höhenmeter) und mit der RhB wieder zurück nach Disentis, um das Hotel nicht schon wieder wechseln zu müssen und den Oberalpstock mit ganz leichtem Gepäck genießen zu können.
Skiabfahrt: 15 km, 2300 Höhenmeter

6. Tag: Vom Disentis mit Bergbahn und Lifts und hübschen Zwischenabfahrten auf die Piz-Pardatschas-Schulter. Einmalige Steilabfahrt nach Sedrun, mit Lifts auf Cuolm Val, Abfahrt ins Val Val, Aufstieg zum Calmut, Abfahrt zum Oberalppaß und weiter – bereits auf Urner Boden – nach Nätschen, mit Lift aufs Stöckli, Abfahrt nach Andermatt, von wo aus am Nachmittag mindestens noch einmal die riesige Gemsstock-Abfahrt genossen wird.
Skiabfahrt: 30 km, 4700 Höhenmeter

Karten: Kümmerly+Frey-Wander-Skitourenkarten 1:50 000 (Landeskarte der Schweiz, LKS), Blätter »Davos« (1. Tag), »Arosa-Schanfigg« (2. Tag), »Flims-Laax« (3. und 4. Tag), »Disentis« 5. und 6. Tag), »Urner Oberland« (6. Tag), ferner LKS-Blatt 1:50 000 »Klausenpaß« (Nr. 246) und als Übersichtskarte »Touristenkarte Graubünden« 1:200 000 von Kümmerly+Frey.
Beste Zeit: Ende Januar bis Anfang März, je nach Schneereichtum des Winters.

Können/Erfahrung: Die Graubünden-Skiroute ist nicht schwierig und bei sicheren Schneeverhältnissen auch nicht gefährlich. Wichtigste Voraussetzung: Schnee-Erfahrung, um die jeweiligen Verhältnisse einigermaßen sicher beurteilen zu können. Ohne diese Grundlage ist es besser, sich der Berg- und Skischule des DAV anzuvertrauen; sie unternimmt jeden Winter mehrere Führungen (Programm: Fürstenfelder Straße 7, 8000 München 2).

Ausrüstung: Normale Skitourenausrüstung mit Steigfellen; man braucht weder Seil noch Pickel oder Steigeisen.

Im Wanderparadies Lauterbrunnental ist man stets von einer großartigen Landschaft umgeben. Hier der Ausblick von der Schiltalpe gegen (von links) Gletscherhorn, Ebnefluh und Mittaghorn.

In the Lauterbrunnen Valley, the hiker's paradise, one is constantly surrounded by magnificent scenery. Here, a view from the cottage at Schilt towards (from the left) the Gletscherhorn, Ebnefluh and Mittaghorn.

Wandern auf Traumrouten im Angesicht der Jungfrau

Das Bergland zu Füßen der gigantischen Nordwestbarriere der Berner Alpen ist ein wahres Wanderparadies mit ungezählten Möglichkeiten für jedes Können und jedes Leistungsvermögen. Ich weiß nicht, wie oft ich hier schon unterwegs war, auf den Wegen zwischen Faulhorn und Schilthorn, diesen exzellenten Aussichtsbergen, und immer wieder war ich begeistert von dieser unglaublichen Landschaft der Kontraste, in der erschreckende Steilwände aus Eis und Fels und zerrissene Gletscher in unmittelbarer Nähe bunter Alpmatten aufragen oder eingelagert sind. Eine Landschaft, die man zu den schönsten der Alpen zählen muß – und eine Landschaft auch, die schon Dichter und Maler faszinierte und zu ihrem Schaffen inspirierte. Da stürzen stäubende und rauschende Wasserfälle, kleine und riesengroße, ins Tal von Lauterbrunnen, das vielleicht schönste und größte und auch typischste Trogtal der Alpen. In grüne Wiesenmulden und Hochkare sind kleine, glasklare Seen eingelagert, auf ihren Flächen spiegeln sich die Berge von gegenüber.

Natürlich, und das kann man nicht verschweigen, ist der Lobgesang über unsere Landschaft schon tausendfach um den Erdball gegangen, es kamen und kommen viele Bewunderer, Wanderer, Bergsteiger und Touristen aus aller Herren Ländern. Aber schon wenige Minuten abseits des Weges sieht man sich wieder von Ruhe umgeben, wenn man will.

Wer im Angesicht des Dreigestirns Eiger-Mönch-Jungfau Wanderungen unternehmen will, sollte kein Verächter von Bergbahnen sein, denn sie sind nun einmal da und lassen sich oft ideal – auf jeden Fall kräftesparend – in den Ablauf einer Tageswanderung integrieren. Die Jungfrauregion mit den Lütschinentälern ist eines der technisch am meisten erschlossenen Alpengebiete. Die Zahnradbahnen, Sessellifts, Luft- und Standseilbahnen nehmen uns oft einen schweißtreibenden Aufstieg oder einen kniefeindlichen Abstieg ab, so daß Tagestouren, für die wir ohne Bergbahnen acht bis zehn Stunden brauchten, auf humane vier oder fünf Stunden zusammenschrumpfen. Konditionsbewußte Wanderfreunde, die sich mit den Erleichterungen nicht anfreunden wollen, können sie ignorieren und die Tour gleich im Tal beginnen – jeder nach seiner Art, und niemand stört sich daran.

Ein paar Blicke auf die vorzügliche Wanderkarte 1:50 000 »Oberhasli – Lütschinentäler – Kandertal«, und schon sehen wir, daß sich die große Jungfrauregion zwischen der Schynigen Platte oberhalb Wilderswils und dem Schilthorn bei Mürren in drei mehr oder weniger selbständige Wandergebiete aufteilt: Lütschental (Grindelwald), Wengen, Lauterbrunnental-Mürren. Die meisten Möglichkeiten bietet zweifellos der Großraum Grindelwald, gefolgt von Lauterbrunnental-Mürren und schließlich Wengen, das vor allem mit hübschen Spazierwegen aufwarten kann. Aber Wengen, auf der Sonnenterrasse am Westfuß des Männlichen, liegt hinsichtlich Dreigestirnpanorama ein wenig »hinterm Berg«, abgedeckt durch Lauberhorn und Tschuggen. Schauen wir also die drei Gebiete mit ihren schönsten, lohnendsten Möglichkeiten näher an. Bei den ausgewählten Wanderrouten war mir daran gelegen, vergletscherte Gebiete zu meiden, so daß auf keiner der Wanderungen mit besonderen Gefahren zu rechnen ist.

Von der Schynigen Platte zum First

Das ist ein Panoramahöhenweg ganz großer Klasse, wie man ihn sonstwo in den Alpen nur höchst selten antrifft. Ein Weg, der von der Schynigen Platte (2067 m) bis zum First (2167 m) sechseinhalb bis sieben Stunden kostet, mit keinerlei Gefahren verbunden ist und ständig von der imposanten Dreigestirnkulisse begleitet wird, der dazu auch noch den Ausblick bietet zum Eis-Fels-Chaos der Fiescherhörner, zum kühn aufragenden Finsteraarhorn und zum riesigen Felsklotz des Wetterhorns – Bilder, deren Konturen und Beleuchtungsspiel sich von Minute zu Minute verändern, als hätten wir eine gewaltige Naturbühne vor uns. Wer die Berner Alpen besucht, *muß* diesen Gang einfach erlebt haben.

Gut, in umgekehrter Richtung, vom First zur Schynigen Platte, ist die Wanderung gut eine Stunde kürzer und auch weniger anstrengend, aber ganz bestimmt auch nicht so schön, weil man sich, um das Panorama zu erfassen, immer wieder zur Seite drehen muß, so daß uns die Landschaft nur immer in Bruchstücken gegenwärtig ist.

Der Ablauf unseres Weges ist denkbar einfach, gut markiert und ausgeschildert: Fahrt mit der Zahnradbahn auf die Schynigen Platte, allein das schon ist ein Erlebnis. Und die Bergstation sollte man nicht verlassen, ohne wenigstens einen kurzen Rundgang durch den schönen Alpengarten unternommen zu haben. Aber unser Weg führt ja auch durch einen Alpengarten, besonders im Gebiet des Faulhorns. Gemächlicher Aufstieg zum Westrücken des Loucherhorns, an dessen Südflanke entlang ins Sägistal und auf den wenig ausgeprägten Felsrücken der Innri-Sägissa (2276 m), dann auf den Männdlenen-Sattel (2344 m), wo es Erfrischungen gibt. Dann geht es in Richtung Faulhorn (2680 m), auf dem sich ein Berggasthaus befindet und sich ein herrlicher Blick gegen Norden und hinab zum Brienzersee auftut.

Zum Weiterweg müssen wir rund hundert Meter auf dem gleichen Weg zurück und hinab zum Gassenboden-Sattel (2533 m). Schon sehen wir weiter unten den Bachsee, an dessen Ufer Sie eine Rast einlegen sollten, weil es hier ganz besonders schön ist und der Weg bis zur Firstbahn-Bergstation nur noch eine halbe Stunde beansprucht. Natürlich können Sie jetzt auch noch hinunter nach Grindelwald wandern, über Bachläger und Waldspitz, wo eine gemütliche Hütte einlädt, oder über Egg und Bort, was nochmals eineinhalb bis zwei Stunden erfordert; aber bis zum First haben Sie schon so viel gesehen, daß Sie jetzt vielleicht nur noch die schöne und erholsame Sesselbahntalfahrt mit prächtiger Aussicht genießen wollen.

Vom First zur Großen Scheidegg

Die Große Scheidegg (1962 m) am Fuß der düsteren und über 1500 Meter hohen Wetterhorn-Nordwand ist zwar nicht so berühmt wie die Kleine

Scheidegg am Eiger, aber ihre Landschaft ist bestimmt nicht weniger schön –
und es ist hier auch um einiges ruhiger, es gibt keine Bergbahnen, sondern
nur Postbusverkehr. Die Wanderung von der Sesselbahn-Bergstation First
(2167 m) zur Großen Scheidegg und hinab nach Grindelwald ist ein gemütlicher Alpenspaziergang von drei bis vier Stunden und eigentlich die Fortsetzung der Wanderroute von der Schynigen Platte zum First. Schöner und gemütlicher ist es, wenn man diesem Abschnitt einen ganzen Tag widmet,
denn in dieser Landschaft kann man nicht einfach dahinwandern; sie zwingt
einen zum Verweilen, zum Staunen und Schauen; hinüber zur abweisenden
Wetterhornwand, zum zerrissenen Oberen Grindelwaldgletscher und zur
Gipfelkette der Oberländer Eisriesen, an deren Flanken und Graten das Silber
der Firne glitzert.
Und der Weg ist fast eine Promenade: von der Bergstation in östlicher Rich-

tung über hübsche Alpmatten von Grindel zum Oberläger (1948 m) und in gleicher Richtung weiter zur ausgeprägten Schulter Gratschären (2006 m), die ein richtiger Aussichtsbalkon ist. Unten sehen wir schon den Sattel der Großen Scheidegg, wo ein Berggasthaus einlädt. Jetzt geht es nur noch hinab nach Grindelwald – wandernd oder auch auf vier Rädern im Postbus, wie immer man will.

Vom Eigergletscher nach Grindelwald

Es ist eine ungewöhnliche und imposante Bergabwanderung von dreieinhalb bis vier Stunden, auf der vor allem die Nahsicht starke Eindrücke vermittelt, denn wir steigen dem Fuß des berühmt-berüchtigten Eigers sozusagen auf den Zehen herum, hören das Bersten und Rumoren der Eiswüste des Eigergletschers, spüren den kalten Hauch der Nordwand und sehen zuletzt am Unteren Grindelwaldgletscher das Werk seiner Schleif- und Schürfarbeit. Wer sich diese Wanderung vornimmt, sollte gutes Schuhwerk haben, weil es in der ersten Hälfte oft nur Steigspuren gibt.

Fahrt mit der Wengernalpbahn auf die Kleine Scheidegg und weiter mit der Jungfraubahn zur Station Eigergletscher (2320 m), von wo die Eiger-Westflanke und der zerrissene Eigergletscher mit seinem chaotischen Bruch gut einzusehen sind; eine wilde, urwelthaft anmutende Hochgebirgslandschaft. Vom Stationsgebäude aus überqueren wir die Gleise, wenn uns vor der untersten Halle nach rechts (Norden) zur Bergstation des Salzegg-Skilifts und auf Steigspuren entlang des Eiger-Nordwand-Fußes leicht absteigend über die Wart, den Chräjenbiel und die Glattwang hinab zur Station Alpiglen (1616 m) der Wengernalpbahn. Bis hierher ist der Weg in der obenerwähnten Wanderkarte nicht eingezeichnet, aber die Orientierung ist nicht schwierig. Ein Tip: Besorgen Sie sich vor dem Start ein Bild von der Eigerwand mit eingezeichneten Routen, vielleicht entdecken Sie Kletterer in der Wand; natürlich brauchen Sie dazu ein gutes Fernglas.

Von Alpiglen nun nicht in nördlicher Richtung hinab ins Tal nach Grindelwald Grund, sondern gegen Osten und fast waagrecht zu P. 1773 und Abstieg in die Schlucht des Unteren Grindelwaldgletschers, der seit einigen Jahren wieder wächst und langsam die phantastischen Gletscherschliffe, die man sich nicht entgehen lassen sollte, erneut zu bearbeiten beginnt; zuletzt schließlich über Mättenberg nach Grindelwald.

Aussichtsberg Leiterhorn bei Wengen

Das Leiterhorn (1526 m) ist eigentlich nur die unterste Westschulter des Männlichen (2342 m) nördlich und rund 250 Höhenmeter über Wengen, aber ein hochkarätiger Aussichtsberg, den sich jeder Wengen-Besucher vornehmen sollte. Der Spazierweg ist beim Bahnhof angezeigt und kostet nicht einmal eine Stunde. Auf dem Leiterhorn öffnet sich besonders eindrucksvoll die Schau über das ganze Lauterbrunnental mit einer klassischen Trogform (vom Leiterhorn führt der Weg übrigens in nordöstlicher Richtung weiter über Itramenberg nach Bürglauenen im Lütschental, eineinhalb bis zwei Stunden. Um wieder nach Wengen zu kommen, ist es am reizvollsten, mit der Grindelwaldbahn nach Grindelwald Grund und mit der Wengernalpbahn über die Kleine Scheidegg nach Wengen zu fahren). Vom Leiterhorn direkt zurück nach Wengen auf dem oberen Weg nach Ussri-Allmi und zur Talstation der Männlichen-Luftseilbahn; der ganze Leiterhorn-Aussichtsspaziergang dauert höchstens eineinhalb bis zwei Stunden.

Männlichen – Kleine Scheidegg – Wengen

Hier haben wir es wieder mit einem Panoramahöhenweg erster Ordnung zu tun. Auf keinem anderen Gang kann man das Dreigestirn besser und eindrucksvoller bewundern als auf der breiten Wanderpromenade vom Männlichen zur Kleinen Scheidegg. Und zu allem ist es auch noch eine ausgesprochen bequeme Tour von nur drei bis dreieinhalb Stunden, ohne auch nur einen Meter aufsteigen zu müssen.

Von Wengen Auffahrt mit der Männlichen-Luftseilbahn (2229 m); gleich neben der Bergstation ein Restaurant. Für den sehr breiten Panoramaweg südöstlich zur Kleinen Scheidegg (2061 m) brauchen wir eine gemütliche Stunde. Aber auch Sie werden immer wieder stehenbleiben und staunen wollen, das Dreigestirn zwingt einen dazu. Von der Scheidegg führt der Weg mehr oder weniger entlang der Wengernalpbahn-Trasse nach Wengernalp (1874 m). Von hier nun westlicher Abstieg mit interessanten Blicken in das Wilde Trümmeltal, in dem sich alle Schmelzwasser der gesamten Dreigestirn-Nordwestflanke sammeln und weiter unten die berühmten Trümmelbachfälle bilden. Wir kommen nach Mettla (1698 m) und bald über Stalden und Schiltwald nach Wengen.

Vom Schilthorn ins Sefinental

Wenn Sie die Mürrener Seite des Lauterbrunnentales zu erwandern beginnen, müssen Sie zweifellos zuerst aufs Schilthorn (2970 m), einen der großartigsten Aussichtsberge der Alpen, seit 1966 mit einer Großkabinenseilbahn erschlossen. Die Wanderung bergab vom Schilthorn über die Boganggenalp (2039 m) ins Sefinental und nach Gimmelwald (1393 m) ist sehr abwechslungsreich und stets umgeben von einer hinreißenden Hochgebirgsszenerie, für die man keine treffenden Worte findet, und das vier bis fünf Stunden lang. Luftseilbahnfahrt von Stechelberg zum Schilthorn. Von der Bergstation westlich über den fast flachen, teilweise gesicherten Grat und südwestlich hinab zum Sattel Roter Herd (2640 m). Jetzt südlich über die großblockige Geröllflanke »Großes Gstein« (der Weg ist auf der Wanderkarte nicht eingezeichnet) hinab zum Weg Mürren-Sefinenfurke. Nun sollten Sie unbedingt einen kurzen Abstecher machen, der nur wenige Minuten kostet: den Weg südlich verlassen und hinaufsteigen zum herrlich gelegenen Hornsee (2304 m).

Wieder zurück auf den Weg und hinab zur Boganggenalp, wo sich auch die Rotstockhütte (bewirtschaftet) befindet. Dann südöstlich hinab ins Sefinental, das wir bei Fürten erreichen. Hier erfreut uns die rauschende Sefinen-Lütschine mit ihrem wilden und ewigen Spiel. Und wenn Sie hier noch ein Stündchen übrighaben, sollten Sie den unglaublichen Sefinentalschluß Kilchbalm besuchen, unbedingt. Wildheit und Riesenhaftigkeit beeindrucken uns: Bis zu 1800 Meter hohe Wände fußen hier auf engstem Raum, die Nordwände von Gspaltenhorn und Tschingelspitz; letztere ist erst 1982 erstbegangen worden.

Hin und zurück kostet dieser Abstecher wirklich nur ein lockeres Stündchen, und der Rest des Wandertages bringt auch keine Anstrengungen mehr: von Fürsten eine gemütliche Stunde hinaus nach Gimmelwald, wo man sich das letzte Stück hinauf nach Mürren guten Gewissens der bequemen Schilthornbahn anvertrauen kann.

Eine weitere hübsche Wanderung am Schilthorn bringt der Weg von der Mittelstation Birg (2677 m) zum Grauseeli, hinab zur Schiltalp (1951 m) und über Gimmel (1813 m) nach Mürren, eine sehr schöne Sache von zweieinhalb bis drei Stunden.

Die Steinberg-Runde

Sie erschließt wieder ein ganz anderes Landschaftsbild und läßt sich mit keiner anderen Wanderung im Gebiet auch nur annähernd vergleichen – und sie ist wunderbar. Aber sie gehört auch zu den großen Wanderungen, füllt einen satten Tag mit fünf bis sechs Stunden und bringt uns nach einigen Mühen bis zum Oberhornsee im hintersten Lauterbrunnental, dem Quellgebiet der Weißen Lütschine. »Steinberg-Runde«, weil wir nach Ober- und Untersteinberg kommen.

Von Gimmelwald (1393 m, Station der Schilthornbahn) westlich auf breitem Weg zu den Hüttchen »Tal« (1253 m) im Sefinental hinab, dann talauswärts Richtung Stechelberg, um nach wenigen Minuten die Abzweigung nach rechts (Brücke) zur Busenalp (1841 m) zu erreichen. Jetzt steigen wir nicht im Angesicht des Dreigestirns, sondern unseres ehrlichen Schweißes knapp sechshundert Höhenmeter ziemlich steil hinaus zu den sanften Matten der Busenalp (1841 m), beherrscht einerseits von der bizarren Gratlinie am Tschingelturm und Ellstabhorn, auf der andern Talseite von der riesige Rottalflanke der Jungfrau.

Nun folgt ein etwas ausgesetzter Wegabschnitt mit herrlichen Tief- und Ausblicken, der uns am Spitzhorn vorbei und nach Obersteinberg (1774 m) führt; auf der aussichtsreichen Terrasse der gemütlichen Bergwirtschaft können wir uns eine verdiente Brotzeit leisten, weil das längste und anstrengendste Stück geschafft ist. Dann brauchen wir für die 230 Höhenmeter bis zum Oberhornsee (2065 m) nur noch ein knappes Stündchen. Und hier können wir die traumhafte Landschaft auf uns einwirken lassen: Die eisgepanzerten Berge von der Jungfrau über Ebnefluh und Großhorn bis zum Breithorn spiegeln sich auf der Seefläche, und an einer reichen Flora können wir uns hier auch noch erfreuen.

Aber auch den schönsten Platz muß man irgendwann verlassen. Zunächst geht es auf dem gleichen Weg zurück bis zum Schafläger (1829 m) auf halber Strecke nach Obersteinberg, dann rechts hinab nach Tal (1532 m) auf Untersteinberg, weiter rechts über Scheuerboden und Trachsellauenen, wo wir wieder einkehren können, hinaus nach Stechelberg zur Talstation der Schilthornbahn.

Eine sehr schöne Wanderung im Gebiet Mürren-Lauterbrunnen, die hier nur noch erwähnt werden kann, bietet die Routenkombination von Allmendhubel (1934 m, Standseilbahn von Mürren) auf dem oberen Weg nach Winteregg und über die Marchegg zum Sousläger im untersten Saustal, Abstieg über Balm nach Isenfluh und auf der Fahrstraße oder mit Postbus nach Lauterbrunnen; dreieinhalb bis vier Stunden.

Im Reiche des Löwen

Der »Löwe von Zermatt«, wie das Matterhorn (4477 m) zuweilen genannt wird, wirkt auch nach seiner 100 000. Besteigung auf Bergsteiger aus aller Welt anziehend, wie eine Herausforderung. Als Bergsteiger das Matterhorn in den Walliser Alpen nicht bestiegen zu haben, ist in den Augen der Menschen, die im Flachland wohnen und nur selten in die Alpen kommen, Begriff bergsteigerischer Unvollkommenheit. Der Grund liegt nicht etwa in den Schwierigkeiten, die der Berg bietet, sondern vielmehr in dessen bezwingender Form, in der Schönheit seiner klaren Linien. Ein Berg, dessen Gestalt ich als Abc-Schütze unbeholfen skizzierte, ohne von ihm etwas gewußt zu haben, denn das Matterhorn ist der Inbegriff des Berges schlechthin, so wie er in der völlig vom Alpinen unbelasteten Vorstellungswelt eines Nordseefischers haften dürfte. Das Matterhorn ist der schönste Berg der Alpen und bestimmt einer der schönsten überhaupt.

Guido Rey (1861–1935), der große italienische Bergsteiger und Schriftsteller, beschrieb den ›Cervino‹, wie die Italiener das Matterhorn nennen, so: »Wenige Alpengipfel wirken so erhaben, so gewaltig ernst wie das Matterhorn von Nordosten. Zu einer gewissen Stunde gesehen, bei Tagesanbruch oder bei Sonnenuntergang, wenn die Talhänge, die den Berg umrahmen, in Dunkel getaucht sind und nur die Pyramide sich auftürmt, ganz von Licht umflossen, daß sie selbst zu leuchten scheint. Dann steht die Riesengestalt vor unseren Augen nicht wie ein wirklicher Berg, sondern wie ein wunderbares Traumbild. Und so gibt es auch keinen Berg, der für uns so ein eigenes Gepräge hat. Wir sind versucht, in seinen Linien zu forschen wie in den Zügen eines Menschen oder eines Ungeheuers. In diesem riesigen Haupte Denkkraft zu vermuten und auf seiner steinernen Stirn seinen Stolz und seine Kraft ausgedrückt zu lesen. Jedesmal, wenn das Matterhorn in der Landschaft auf der Bildfläche erscheint, soll der Beschreiber in seiner Schilderung innehalten und dem Leser sagen, er möge selbst hingehen und es sehen. Wenn er es auch nur ein einziges Mal sah, so wird ihm der Anblick unvergeßlich sein. Wer es nicht gesehen hat, dem nützt es nichts, wenn man ihm die Majestät des Felsblockes schildert, der vom Grund des Tales dreitausend Meter hoch gen Himmel ragt . . . Denn Matterhorn gibt es nur eines auf Erden. Einen Berg mit so ausgeglichenen Linien. Deshalb wird er noch unzählbare Menschen vieler Generationen glücklich machen.« Der französische Bergführer Gaston Rébuffat bezeichnete das Matterhorn weniger romantisch als »riesigen Trümerhaufen«, aber der Genfer Bergsteiger und Naturwissenschaftler Horace Bénédict de Saussure (1740–1799) schrieb: »Der schönste Gegenstand, dessen Anblick dieser Ort darbietet, ist die hohe und stolze Spitze des Mont Cervin, die sich in Form eines dreieckigen Obelisken aus lebendigem Fels, der wie gemeißelt erscheint, zu gewaltiger Höhe erhebt.«

Morgenstimmung vor der Rottalhütte am Südwestfuß der Jungfrau. Der Steinbock lag Minuten zuvor direkt vor der Hüttentür – dann begannen ringsum die Gipfel im ersten Licht zu leuchten, links das Lauterbrunner Breithorn, rechts Blümlisalpgruppe.

Morning at Rottal cottage which lies at the South-Western foot of the Jungfrau. Only moments before the ibex lay right in front of the cottage door but then the mountain peaks began to glisten in the first light of day. On the left Mount Breithorn in the Lauterbrunn Valley, on the right the Blümlis alpine group.

Nächste Seite:
Der Monte Rosa (4634 m) bei Zermatt in den Walliser Alpen ist der zweithöchste Alpenberg, auf dessen Gipfeln jährlich Hunderte von Bergsteigern stehen, auch Skitourenfahrer. Vorgelagert (unten) das Stockhorn (3532 m), links der weitflächige Findelgletscher (Luftbild von Nordwesten).

Following page:
The Monte Rosa (4634 metres) near Zermatt in the Wallis Alps is the second highest Alpine mountain. It is on it's summit that hundreds of mountaineers stand every year. In the foreground (below), the Stockhorn (3532 metres), on the left the broad Findel glacier. (Aerial view from the north-west).

Und der Engländer Edward Whymper (1840–1911), Erstbesteiger des Berges: »Das Matterhorn bleibt immer gleich imposant, von welcher Seite man es auch betrachtet. Gewöhnlich sieht es niemals aus, und in dieser Beziehung, wie auch hinsichtlich des Eindrucks, den es auf den Beschauer macht, steht es unter den Bergen fast allein da. Es hat in den Alpen keinen und in der Welt wenige Nebenbuhler . . .«

Der phantastische Felsobelisk erregt seit rund zweihundert Jahren immer wieder das Interesse des Menschen. Die Triumphe und Tragödien, die sich am Horn abspielten, die Schicksale, die sich hier erfüllten, würden ein vielbändiges Werk füllen. Hier nur einige der wichtigsten Ereignisse als Überblick.

1792: Wie hoch der Berg ist?
Horace Bénédict de Saussure besteigt mit dem Chamoniarden Joseph Marie Couttet und sechs weiteren Führern den heutigen Seilbahnberg Kleinmatterhorn (3883,5 m) und bestimmt trigonometrisch die Matterhorn-Gipfelhöhe mit 2309,75 Klafter = 4501,70 Meter, was der tatsächlichen Höhe von 4477,5 Metern erstaunlich nahe kam. Noch in der 4. Auflage von Edward Whympers Buch »Berg- und Gletscherfahrten« (1922) ist in der topographischen Kartenbeilage der Gipfel mit 14 780 englischen Fuß (= 4504,94 Meter) angegeben.

1859: Allein am Berg
Der Italiener Jean Antoine Carrel aus Valtournanche wagt sich allein an den Berg, um den das Ringen um die Erstbesteigung voll entbrannt ist. Carrels Leben wird in den folgenden Jahren vom Matterhorn beherrscht.

1865: Triumph und Tragödie
Nach seinen sieben erfolglosen Besteigungsversuchen glückt Edward Whymper zusammen mit seinen Landsleuten Charles Hudson, Lord Francis Douglas und Douglas Robert Hadow, dazu den Zermatter Führern Peter Taugwalder Vater und Sohn sowie dem Chamonix-Führer Michel Croz am 14. Juli die Erstbesteigung über den Hörnligrat (Nordostgrat). Während die sieben Männer am Gipfel ihren Sieg bejubeln, müssen sich am Liongrat (Südwestgrat), zweihundert Meter tiefer, die Italiener Jean Antoine Carrel und seine Begleiter mit einer großen Enttäuschung abfinden; für Carrel war es eine echte menschliche Tragödie. Drei Tage später (17. Juli) gelingt ihm und Jean-Baptiste Bich die Zweitbesteigung und damit die erste Begehung des Liongrates.

Aber Whympers glänzender Erfolg wird noch am gleichen Tag vom Tod überschattet: Im Abstieg stürzen Lord Douglas, Hudson, Hadow und Croz über die Nordwand ab (Seilriß). Die Matterhorn-Tragödie bekommt auch noch ein gerichtliches Nachspiel und beschäftigt für Jahre die bergsteigerisch interessierte Welt, denn das Verbindungsseil zwischen Taugwalder Vater und Douglas stellte sich als viel zu schwach heraus. Wer trug dafür die Verantwortung?

Die Matterhorn-Erstbesteigung bildet das Ende der »goldenen Zeit« des Alpinismus; alle bedeutenden Alpengipfel sind erstiegen – das Interesse der Bergsteiger beginnt sich auf die Eroberung der großen Wände und Grate zu konzentrieren.

1871: Die erste Frau

Die Engländerin Lucy Walker erreicht mit einigen Begleitern über den Hörnligrat als erste Frau den Gipfel (22. Juli); eine der frühesten Unternehmungen in der Geschichte des Frauenalpinismus.

1879: Der dritte Grat

Am Hörnli- und am Liongrat gibt es keine Lorbeeren mehr zu holen, alle »Ersten« sind abgehakt: erste Frau, Führerlose, Alleingeher, Winterbegeher. Der Zmuttgrat (Nordwestgrat) ist als dritter Grat die Herausforderung. Der Engländer Albert F. Mummery bezwingt ihn mit Alexander Burgener, Johann Petrus und August Gentinetta, gefolgt von William Penhall, Ferdinand Imseng und Louis Zurbriggen, die den Aufstieg weitgehend durch die brüchige Westwand (Penhall-Couloir) auführen. Der Zmuttgrat wird bis in unsere Zeit zu Unrecht relativ wenig begangen, obschon er technisch nur wenig schwieriger als der Hörnligrat ist.

1911: Furggengrat

Im September 1911 bezwingt der Italiener Mario Piacenza, zusammen mit seinen Führern Jean-Joseph Carrel und Joseph Gaspard, den schwierigsten der vier Matterhorngrate, den Südost- oder Furggengrat, allerdings unter Umgehung der großen Überhänge.

1931: Goldmedaillen für die Nordwand

Die düstere, 1200 Meter hohe Nordwand steht seit 1928 im Blickpunkt der Spitzenbergsteiger; mehrere gescheiterte Versuche, ein Todesopfer. Die Zeit des »Alpinismo eroico« ist angebrochen, die Zeit auch, in der viel über »Kampf« und »Sieg« am Berg geschrieben wird. Die Matterhorn-Nordwand wird von den per Fahrrad angereisten Münchner Brüdern Franz und Toni Schmid wie in einem Handstreich erstbegangen (31. Juli bis 1. August). Der Erfolg bringt ihnen ein Jahr später, anläßlich der Olympischen Sommerspiele in Los Angeles (1932), Goldmedaillen, die erstmals für bergsteigerische Leistungen vergeben werden. Aber Toni Schmid erlebt diese Ehrung nicht mehr: Wenige Wochen zuvor stürzt er in der Wiesbachhorn-Nordwestwand (Glocknergruppe) zu Tode; Franz Schmid lebt heute – 79 Jahre alt – als Polizeioberinspektor i. R. in Neuhaus am Schliersee.

Im gleichen Jahr wird von Italienern die Südwand und ein Jahr später (1932) die Ostwand erstmals durchstiegen, aber diese schönen Erfolge werden von der weltweiten Nordwand-Publicity weit überragt.

1941–1965: Matterhorn-Neuzeit

Die heroische Bergsteiger-Epoche wird bald vom Zweiten Weltkrieg überschattet. Dennoch wird der Furggengrat – die steilste und schwierigste Gratlinie am Matterhorn – mitten im Krieg (1941) und nach vielen verschiedenen Versuchen erstmals von den Italienern Luigi Carrel, Giacomo Chiara und Enzo Perino *vollständig* begangen. Alle Wände und Grate haben nun ihre Routen. Aber auch die junge Generation will am Matterhorn ihre Spuren hinterlassen. Der Wiener Diether Marchart bezwingt 1959 die Nordwand als Alleingeher in fünf Stunden. Drei Jahre später (1962) stürzt er bei einem Alleinversuch in der Eigernordwand tödlich ab.

Dann glückt im Februar 1962 die erste Winterbegehung der Nordwand, um die gleich drei Seilschaften ringen: die Schweizer Hilti von Allmen und Paul Etter, die Deutschen Werner Bittner, Rainer Kauschke und Peter Siegert, die Österreicher Erich Krempke und Leo Schlömmer.

Der Italiener Walter Bonatti leitet im »Jahr der Alpen« (1965), in dem auch die Hundertjahrfeier der Matterhorn-Erstbesteigung über die Bühne geht, eine neue Epoche ein: Mitten im Winter bezwingt er als Alleingeher die Nordwand auf einer neuen Route in fünf Tagen. Monate später wird die erste Nordwand-Frau gefeiert: die Schweizerin Yvette Vaucher, begleitet von ihrem Mann Michel und dem Zermatter Führer Othmar Kronig. Heute zählt die Schmid-Route über hundert Begehungen, darunter ein Dutzend Winterbegehungen, einige Winter-Alleinbegehungen, mehrere Frauen-Begehungen, sogar eine Winterbegehung durch eine reine Frauenseilschaft. Als schwierigste Routen gelten zur Zeit die Lafranconi-Zucchi-Route in der Südwand des Pic Muzio und die Cogna-Cerruti-Route an der Zmuttnase. Die letztere, die den Vorteil hat, bis zum Gipfel zu führen, repräsentiert einen Höhenunterschied von über tausend Metern.

Heute: Berg der Sensationen

Ab Ende der sechziger Jahre gibt es am Matterhorn immer wieder sogenannte »Sensationen« zu beobachten: Der Engländer Arthur Clarkson verunglückt 1969 mit seinem achtjährigen Sohn Roy kurz unter dem Gipfel (Versuch einer Kinderbesteigung); 1974 erreichen etwa 3500 Bergsteiger auf verschiedenen Routen den Gipfel, in den achtziger Jahren steigert sich die Zahl auf 3600 jährlich; ein Österreicher schafft den Auf- und Abstieg über den Hörnligrat in zweieinhalb Stunden; der italienische Steilwand-Skifahrer Toni Valeruz befährt 1975 als erster die Ostwand ab Hörnligrat-Schulter. Dann sieht man Drachenflieger am Matterhorn – leider auch solche, die am Berg zerschellen.

Bisher hat das Matterhorn dreihundert Todesopfer gefordert; seit Anfang der achtziger Jahre sind es jährlich acht bis zehn. Aber auch die Zahl der Kletterrouten hat sich gesteigert: Gab es bis 1964 am Nordabbruch zwischen Hörnli- und Zmuttgrat nur einen Anstieg (Schmid 1931), so gibt es heute sechs verschiedene Routen und mehrere Varianten.

Trotz der vielen Routen ist das Matterhorn noch immer ein schöner Berg. Leider wird die Normalroute über den Hörnligrat von vielen Begehern immer wieder unterschätzt, denn die Schwierigkeiten sind ja »nur II bis III«. Aber die Höhe der Route (1200 Meter) und des Berges wird oft vergessen – Wetter und ungünstige Verhältnisse am Berg auch.

Eine Matterhorn-Besteigung ist auch auf der leichtesten Route immer noch ein großes und ernstes Unternehmen. Und man kann als bergbegeisterter Mensch auch ohne Matterhorn-Besteigung gut und glücklich leben.

Ich war oft in Zermatt, ohne auch nur einen der großen Berge bestiegen zu haben, denn auch Wanderungen im »Reiche des Löwen« gehören zum Schönsten, was man in den Alpen erleben kann.

Wichtiges von A–Z

Abkürzungen

AVF = Alpenvereinsführer der Ostalpengruppen
BV = Bergverlag Rudolf Rother, München; Spezialverlag für Alpenführer (Klettern, Wandern, Skitouren); angeschlossen die Bergbuchhandlung Rudolf Rother → auch »Führer und Karten«
CAI = Club Alpino Italiano
DAV = Deutscher Alpenverein
ÖAV = Österreichischer Alpenverein
SAC = Schweizer Alpen-Club

Buin, Piz, höchster Berg Vorarlbergs (3312 m) in der Silvretta, Grenzberg zwischen Österreich und der Schweiz, eingesäumt von Ochsentaler Gletscher (NW), Vermuntgletscher (NO) und Plan Rai (S); 1. Besteigung 1865 durch J. J. Weilenmann und J. A. Specht mit den Paznauner Führern Pöll und Pfitscher über den Nordwestrücken auf der heutigen Normalroute (I). Die Ost- und Südanstiege sind schwierig (IV), oft brüchig und wenig begangen. Beliebtes Ziel im Rahmen von Skitouren; von der Wiesbadener Hütte 3 bis 4 Stunden. Etwa 500 m südwestlich der Kleine Piz Buin (3255 m), schwieriger und selten bestiegen.

Dachstein, Hoher (2993 m), höchster Berg und Hauptgipfel des Dachsteingebirges, zweithöchster Berg der Nördlichen Kalkalpen zwischen Mitterspitz und Dirndl am Südrand des Dachstein-Hauptkammes; 1. Besteigung 1834 P. K. Thurwieser, A. Gappmayer über den 250 m hohen Westgrat (heutiger Normalanstieg, 1863 mit Sicherungsanlage versehen; Trittsicherheit erforderlich). Berühmt und vielbegangen die 800 m hohe Südwand, die 1901 erstmals durchstiegen wurde (E. Pichl, F. Gams, F. Zimmer, III, 3–4 Stunden) und 1909 eine ideale Direktroute bekam (Georg und Franz Steiner, IV, 4–5 Stunden, »Steinerweg«); neben einer Reihe anderer, teils äußerst schwieriger Routen und Varianten ist sie heute noch die bedeutendste am Dachstein. Die Normalanstiege sind dank der Dachsteinsüdwand-Seilbahn zum nahen Huhnerkogel beliebt als gemütliche Halbtagestour ab Ramsau.

Drusenfluh, bedeutender Kletterberg (2827 m) im Rätikon-Grenzkamm mit einer 4 km breiten und 500 bis 600 m hohen Südwand, auf der Nordseite stark zerklüftet, 1. Besteigung 1870 durch den Montafoner Bergführer Christian Zudrell, allein von Norden über den Westgrat (II, heutige Normalroute, 2–3 Stunden); K. Blodig und V. Sohm durchstiegen 1888 die heutige Blodigrinne (Nordseite, II–III, 3–4

Stunden), die gelegentlich auch mit Skiern befahren wird. An der Südwand über ein Dutzend Routen III–VII. Als Stützpunkte dienen Garschinahütte des SAC und Lindauer Hütte des DAV im Gauertal (Montafon).

Ellmauer Halt, höchster Gipfel des Kaisergebirges (2344 m) im Westteil des Massivs; vermutlich schon früh von Einheimischen erstiegen, 1. bekannte Ersteigung 1869 K. Hofmann mit J. Schlechter von Süden. Normalanstieg von Süden (Gruttenhütte) über den Gamsängersteig (I, rot markiert, stellenweise mit Drahtseilen und Eisenklammern gesichert, 2¹/₂ Stunden von der Hütte). Der Nordanstieg durch die Rote Rinne (von Hinterbärenbad) ist wegen eines Bergsturzes nicht mehr begehbar und zu gefährlich. Unter Kletterern sehr beliebt ist der Kopftörlgrat (III), der trotz seiner geringen Schwierigkeit besonders bei Wettersturz gefährlich ist. Auf dem Gipfel als Unterstand die Babenstuber-Hütte.

Fleischbank, einer der bekanntesten Kletterberge (2187 m) im Kaisergebirge nordwestlich des Ellmauer Tores; 1. Besteigung 1890 P. Kiesewetter und A. v. Krafft von Nordwesten aus dem Schneeloch (heute nicht mehr üblich); auch die Normalroute (1901 K. Herr, III) von Süden wird nur selten im Aufstieg begangen und fast ausschließlich für den Abstieg benützt. Sehr beliebt ist der Nordgrat (1898 K. Herr, H. Zang und W. Wunder, II). An den Südost- und Ostwänden rund 20 Anstiege zwischen V und VIII, am berühmtesten die Ostwand-Dülfer-Führe. Als Stützpunkte dienen Stripsenjochhaus (ÖAV) im Norden, Grutten- und Gaudeamushütte (DAV) im Süden.

Führer und Karten sind stets am Ende der Tourenvorschläge angegeben. Als zusätzliche Übersicht empfehle ich die Broschüre »Berggruß« (kostenlos) der Bergbuchhandlung Rudolf Rother, Landshuter Allee 49, D-8000 München 19, in der alle Führerwerke und Karten der Alpen aufgeführt sind, u. a. auch Lehrbücher.

Göll, mehrgipfelige Gruppe östlich von Königssee und nördlich des Hagengebirges in den Berchtesgadener Alpen, östlich vom Salzachtal begrenzt, Grenzkamm Österreich–Bayern. Hauptgipfel: Hoher Göll (2522 m), Kleiner (2342 m) und Großer (2387 m) Archenkopf, Hohes Brett (2388 m). Hauptsächlich aus festen Plattenkalken gebildet, bieten die einzelnen Gipfel leichte und schwierigste Kletterrouten. Stützpunkte: Purtschellerhaus, Stahlhaus und Schneibsteinhaus. Sehr beliebt ist die Göll-Überschreitung (I), ausgehend vom Purtschellerhaus.

Hochkönig, höchster Gipfel (2941 m) der gleichnamigen Gruppe südöstlich des Steinernen Meeres, Hauptgipfel der Berchtesgadener Alpen. Gefahrloser Weg bis zum Gipfel; schwindelerregende, jedoch gesicherte Steige; großzügige Gratüberschreitungen sowie kurze, lange, leichte und schwierigste Kletterführen; skitouristische Möglichkeiten; schnell erreichbare Ausgangsorte und mehrere Hütten. 1. bekannte Besteigung 1826 durch den Salzburger Peter Thurwieser mit den beiden Offizieren Ernst von Joannelli und von Sax, unterstützt von zehn Trägern. Thurwieser fand den leichtesten Zugang, wie ihn heute auf dem markierten Weg durchs Ochsenkar, an der schlanken Torsäule vorbei, Tausende benützen.

Marmolada, ladinisch Marmolèda (Marmor), höchster Berg (3344 m) der Dolomiten (»Königin der Dolomiten«) in der gleichnamigen Gruppe (Prov. Trento/Belluno). Das langgezogene, in O-W-Richtung verlaufende Massiv ist auf seiner Nordseite (Fedaia, Lift) stark vergletschert, gegen Süden (Ombretta) mit 450 bis 800 m hohen Steilwänden abbrechend. Die wichtigsten Marmoladagipfel: Punta Penia (3344 m, Haupt- und »Sommergipfel«, Hütte), Punta di Rocca (3309 m, Wintergipfel, westlich von ihm Seilbahnstation), Marmolada d'Ombretta (3205 m im Ostgrat) und Piz Seràuta (3035 m) als östlicher Pfeiler des Massivs. Im Westen das Fassatal mit Canazei und Penia, im Osten Val Pettorina mit Malga Ciapèla (Talstation der Marmolada-Seilbahn), der imposanten Sottoguda-Schlucht und dem Dorf Rocca Piétore; beide Täler sind durch die Fedaiastraße verbunden. Als Schutzhütten dienen Rif. Marmolada im Norden (an der Fedaiastraße), Rif. Contrin im Südwesten (Contrintal) und Rif. Falier im Südosten (Pian d'Ombretta), alle im Besitz des CAI. Erste Besteigung der Punta di Rocca 1862 Paul Grohmann mit Pellegrino Pellegrini über die Nordflanke; der Punta Penia 1864 P. Grohmann mit Angelo und Fulgenzio Dimai über die Nordflanke (heutige Normalrouten, I). Die Südwand wurde in ihrem östlichen Teil (Marmolada d'Ombretta) bereits 1897 durch C. Tomé mit Santo De Toni und Luigi Farenzena mit Hilfe von Bohrhaken bezwungen (eine der frühesten Bohrhaken-Unternehmungen überhaupt). Erste Begehung der Penia-Südwand 1901 Beatrice Tomasson mit M. Bettega und B. Zagonel (IV). In der 5 km breiten Südwand-Flucht gibt es heute über 60, meist äußerst schwierige (bis VIII) Routen; einige wurden auch schon im Winter begangen. Der Westgrat ist zu einem gesicherten Klettersteig ausgebaut worden. Heute sind die Nordflanke (Prov. Trento, Lift) und Nordostflanke (Prov. Belluno, Seilbahn) Pistenskigebiete; Sommerskilauf.

Matterhorn, französ. Mont Cervin, italien. Monte Cervino, einer der berühmtesten Berge der Welt im italien.-schweizer. Grenzkamm der Walliser Alpen, südwestlich von Zermatt (Schweiz) und nördlich von Breuil-Cervinia (Italien). Der Matterhorn-Gipfel besteht aus einem schmalen, fast horizontalen Felsgrat von 80 m Länge, der fast genau in ostwestlicher Richtung verläuft und zwei Gipfelpunkte trägt: Schweizer Gipfel, 4477,5 m; Italienischer Gipfel, 4476,4 m. Die ausgeprägten Linien des Matterhorns werden durch vier große Grate und Wände gebildet: Hörnligrat (Nordostgrat, auch Schweizergrat) und Furggengrat (Süd-

ostgrat) vereinigen sich auf dem Schweizergipfel. Der Liongrat (Südwestgrat, auch Italienischer Grat) und Zmuttgrat (Nordwestgrat) treffen auf dem Italienischen Gipfel zusammen. Zwischen Hörnli- und Furggengrat die 1000 m hohe Ostwand, zwischen Hörnli- und Zmuttgrat die 1200 m hohe Nordwand, zwischen Zmut- und Liongrat die 1400 m hohe Westwand, zwischen Lion- und Furggengrat die 1400 m hohe Südwand. Die beiden meistbegangenen Normalrouten führen über den Hörnli- und Liongrat; sie sind an den steilsten und schwierigsten Passagen mit Fixseilen und Metallstiften abgesichert. Beide Normalrouten werden an den schwierigsten Stellen mit II–III eingestuft; die durchschnittliche Aufstiegzeit beträgt 5–6 Stunden. Auf dem Hörnligrat befindet sich in 4003 m die Solvay-Hütte, auf dem Liongrat das Rifugio Savoia, 3835 m. Für den Hörnligrat dienen die Hörnli-Hütte (SAC) und das »Hotel Belvédère« (Privathütte), 3260 m, und am Liongrat das Rifugio Duca di Abruzzi, 2802 m, als Stützpunkte. 1. Besteigung am 14. 7. 1865 E. Whymper, Ch. Hudson, D. R. Hadow und F. Douglas mit M. Auguste Croz und P. Taugwalder Vater und Sohn; Erstbegehung des Italienischen Grats am 17. 7. 1865 J. A. Carrel, J. B. Bich. Heute gibt es am Matterhorn über 60, meist sehr schwierige Routen.

Meije, Bergmassiv (3983 m) in den Dauphiné-Alpen (Frankreich); 1. Besteigung E. Boileau de Castelnau mit P. Gaspard Vater und Sohn 1877 über das Glacier Carré, heutige Normalroute (III). Das gewaltige Massiv bildet eine Art Ost-West-Mauer, deren Nordabdachung stark gegliedert und vergletschert ist. Gegen Süden bricht die Meije mit einer 1,5 km breiten und 800 m hohen kompakten Felswand gegen das Etançontal ab; 1. Begehung der Direkten Südwand 1934 P. Allain, J. Leininger, J. Vernet (IV–V, einige Stellen V+); West-Ost-Überschreitung, 1. Begehung L. Purtscheller, E. und O. Zsigmondy 1885 (III–IV); sie gehört heute noch zu den großartigsten Gratüberschreitungen der Alpen. Stützpunkte: Promontoire-Hütte, Aigle-Hütte.

Mont Aiguille, Felsberg (2097 m), etwa 60 km südlich von Grenoble in der Vercorsgruppe (Dauphiné-Alpen); 1. Besteigung 1492 A. de Ville im Auftrag König Karls VIII. von Frankreich, begleitet vom königlichen Kammerherr J. de Beaupré und sieben Söldnern. Die Route, die damals begangen wurde, ist heute mit Drahtseilen und Eisenklammern gesichert und »entschärft«, sie wird jedoch immer noch mit dem Schwierigkeitsgrad II bewertet. A. de Ville erreichte den Berg mit Hilfe von Seilen, Leitern und Eisenstiften, so daß der Mont Aiguille als »Geburtsstätte des Kletterns mit künstlichen Hilfsmitteln« gilt. Heute gibt es an den bis zu 400 m hohen Mont Aiguille-Wänden über 20 Anstiege, meist äußerst schwierige; Besteigungen können vom Parkplatz aus unternommen werden (keine Hütte).

Montblanc, (Mont Blanc), Europas höchster Berg (4807 m) im französisch-italienischen Grenzkamm der gleichnamigen Gruppe, die Gipfelkalotte gehört ganz zu Frankreich, die Grenze verläuft über den Mont Blanc de Courmayeur (4748 m); 1. Besteigung 8. August 1786 Jacques Balmat und Michel Gabriel Paccard von Norden über Grands Mulets und Grand Plateau; die heute gebräuchlichste Sommer-

route führt über Aiguille du Goûter, Dôme du Goûter, Vallothütte und Bossesgrat, im Spätwinter über Grands Mulets und Bossesgrat.
Erschließungsgeschichte (Auswahl): Col du Midi: Gesamtüberschreitung vom Col du Midi bis zum Gipfel des Montblanc J. Grange, J. M. Perrod, A. Orset mit R. W. Head, 1863. Bossesgrat: 1859 C. Hudson, G. C. Hodgkinson, E. Headland, G. C. Joad mit M. Anderegg, F. Couttet. Brenvaflanke: Erstbegehung des Brenvasporns 1865 durch A. W. Moore, G. S. Methews, F. und H. Walker mit J. und M. Anderegg; Sentinelle-Rouge-Route: 1. Begehung 1927 G. Brown, F. S. Smythe; Mayor-Route: 1. Begehung 1928 G. Brown, F. S. Smythe; Poire-Route: 1. Begehung 1933 Brown-Smythe. Von Westen und Süden: Rochers-de-La-Tournette-Führe: 1872 T. S. Kennedy, J. A. Carrel und J. Fischer. Südwand: J. Eccles mit M. Clément und Adolphe Payot 1877 über Col Eccles, Col de Peuterey, über den Peutereygrat zum Gipfel. Nicht weniger bedeutend war der erste Aufstieg vom Frêneygletscher über die Gruberfelsen 1880, G. Gruber, E. Ray und P. Ravel. Peutereygrat: A. Göttner, F. Krobath und L. Schmaderer 1934 (vollständiger Peutereygrat). Insgesamt etwa 100 Routen und Varianten.

Ortler, Hauptgipfel (3902 m) der gleichnamigen Gruppe (Provinz Bozen); 1. Besteigung 1804 J. Pichler mit 2 Bergsteigern aus dem Zillertal von Trafoi über den Unteren Ortlerferner und die Hinteren Wandeln (Nordwest- und Westseite). Die heutige Normalroute von der Payer-Hütte über den Oberen Ortlerferner ist weniger gefährlich; 1. Begehung 1864 F. F. Tuckett, E. N. und H. E. Buxton mit Ch. Michel und F. Biner. Ostanstiege: Hintergrat (Südostgrat), 1. Begehung 1805 Dr. Gebhard mit J. Pichler; Martlgrat (Nordostgrat), 1. Begehung 1889 Friedmann, Schmitt und Gefährten; Nordwand, 1. Begehung 1931 H. Ertl und F. Schmid (1400 m, 55–60°). Die Überschreitung des Berges mit Aufstieg über den Hintergrat (II, teilweise Seilsicherungen) und Abstieg auf der Normalroute (Eis bis 40°) zur Payer-Hütte gehört zu den großartigsten Unternehmungen in den Ostalpen. Stützpunkte: Tabaretta-Haus, Payer-Haus, Hintergrat- und Berglhütte.

Roggalspitze, Kletterberg (2673 m) im Lechquellengebirge (Vorarlberg); 1. bekannte Besteigung 1877 A. Madlener allein von Südosten. Die beliebtesten Anstiege: Nordkante, 1. Begehung 1932 F. und M. Harrer (III–IV); Nordostpfeiler, 1. Begehung 1948 E. Burger und K. Bizjak (V–VI); Direkte Westwand, 1. Begehung 1968 T. Hiebeler und F. Maschke (IV). Stützpunkt: Ravensburger Hütte.

Roggspitze (auch Rockspitze), markanter Kletterberg (2746 m) im westlichsten Teil der Lechtaler Alpen bei Zürs (Arlberg) unweit südlich der Stuttgarter Hütte. Die lohnendsten Routen: Südpfeiler (1921 W. Penk, L. Lampert; III) und die Südostwand (1942 K. Reiter, H. Pfeffer; IV); die Einstiege sind von Zürs in 1½ Stunden erreichbar.

Rote Wand, höchster Berg (2704 m) im Lechquellengebirge mit viergipfeligem Grat über der 1,5 km langen Front der 400 m hohen Südwand, an der es rund 20 Routen (II–VII) gibt. Auf 3 Seiten umgeben weite Karren- und Latschenfelder den Fuß des Berges. Eine AV-Steiganlage über die

schwarze Furka führt auf den Hauptgipfel. 1. Besteigung bereits 1610 (!) durch D. Pappus und Begleiter. Besteigungen können direkt vom Parkplatz am Formariensee (Mautstraße von Zug bei Lech) aus unternommen werden; Stützpunkt: Freiburger Hütte.

Schüsselkarspitze, Kletterberg (2553 m) im östlichen Wettersteingebirge zwischen Wangscharte und Leutascher Dreitorspitze, Puittal (Südosten) und Oberreintal (Nordwesten); bayerisch-österreichischer Grenzberg; 1. Besteigung 1894 O. Schuster mit H. Moser von der Leutascher Dreitorspitze über den Nordostgrat. Sehr schön und vielbegangen ist der Westgrat (1898 O. Ampferer, F. Hörtnagl, III) von der Wangscharte aus. An den 300 bis 400 m hohen Süd- und Südostwänden etwa 25 meist äußerst schwierige Routen, die bedeutendsten: Südverschneidung (1933 J. Bertl, A. Göttner, V); Südwand (1913 H. Fiechtl, O. Herzog, V), Südwand (1939 Paul Aschenbrenner, K. Rainer, VI), Südwand-Pfeilerrisse (1912 A. Deye, A. Schmid, V–VI) und Südostwand (1934 R. Haringer, R. Peters, VI); von 1977 bis 1981 wurden mehrere Routen des VII. und VIII. Schwierigkeitsgrades erstbegangen, u. a. »Bayerischer Traum« und »Locker vom Hocker«. Stützpunkte: Wetterstein- und Oberreintalhütte.

Schwierigkeitsbewertung. Die Schwierigkeiten beim Bergsteigen (Klettern) werden mit Schwierigkeitsgraden bewertet. Bis 1971 war die sechsstufige »Alpenskala« (I–VI) gebräuchlich, dann einigte man sich auf die nach oben offene *UIAA-Skala* (UIAA = Union Internationale des Associations d'Alpinisme; internationaler Dachverband der Bergsteigervereine und -clubs). Die UIAA-Skala kann hier nur vereinfacht wiedergegeben werden. Zur Bewertung der Freikletterei (ohne Benützung künstlicher Hilfsmittel wie Haken, Klemmkeile u. a. zu Fortbewegung) sind zur Zeit IX Grade gebräuchlich:

I	= leicht
II	= mäßig schwierig
III	= schwierig
IV	= sehr schwierig
V	= besonders schwierig
VI	= äußerst schwierig
VII–IX	= ohne Wortbezeichnung

Ab III ist jeder Grad nochmals in drei Stufen unterteilt, z. B.

III–	= schwierig, untere Grenze
III	= schwierig
III+	= schwierig, obere Grenze

Für die Bewertung der Schwierigkeiten bei künstlicher Kletterei werden fünf Stufen (A0–A4; »A« von französisch »artificiel« = künstlich) benutzt; A0 bedeutet, daß Haken und andere technische Hilfsmittel relativ leicht anzubringen sind, bei A4 ist der Aufwand sehr groß.
Auch die Schwierigkeiten der Fortbewegung an technischen Hilfsmitteln werden mit A0–A4 bewertet (früher »a1–a3«).
Die Schwierigkeiten von Eisanstiegen können nicht bewertet werden, weil sich die Eisverhältnisse ständig verändern; als Grundinformation wird die Steilheit (Neigung) der Eiswand angegeben, z. B. 60°.

Totenkirchl, bekannter und viel bestiegener Kletterberg (2193 m) südlich des Stripsenjochhauses im Kaisergebirge; 1. Besteigung 1881 G. Merzbacher mit M. Soyer von Norden. Über die drei Nord-Terrassen führen heute rund zwanzig Anstiege der Schwierigkeitsgrade III–VI. Die heute gebräuchliche Normalroute (III–) ist als »Führerweg« bekannt (1881 C. Babenstuber mit Th. Wiedauer). Sehr lohnend und interessant ist der Südostgrat in Verbindung mit einer Überschreitung von der Fleischbank her. Die bedeutendsten Anstiege führen durch die 600 m hohe Westwand: Direkte (1913 H. Dülfer und W. v. Redwitz, V+/A1), Eidenschink-Peters-Führe (1943 R. Peters und O. Eidenschink, VI–/A1), Westpfeiler (1960 L. Brandler, W. und F. Scheffler, VI–/A1). Als Stützpunkt dienen das Stripsenjoch- und Anton-Karg-Haus.

Triglav (Mont Terglou, italienisch Tricorno), Hauptgipfel (2863 m) der Julischen Alpen (Jugoslawien); aus Dachsteinkalk aufgebaut, 1. Ersteigung 1778 L. Willonitzer mit Gemsjäger Rosizh und M. Kos, L. Koroschez. Imposant ist die 1500 m hohe Nordwand, 1. Begehung 1906 F. König, H. Reinl und K. Doménigg; Direkte Nordwand (Bayerländer-Weg), 1. Begehung 1926 G. Kuglstatter und H. Unger. Insgesamt rund 50 Routen und Varianten; der Normalweg ist markiert und teilweise gesichert, mehrere Hütten als Stützpunkte.

Ventoux, Mont (»Windberg«), Aussichtsberg (1909 m) in den südlichen Drôme-Alpen (Provence, Frankreich). Bildet eine markante Kalkfelskette in Ost-West-Richtung und wurde am 26. 4. 1336 erstmals (?) von dem italienischen Dichter Francesco Petrarca und seinem Bruder Girardo erstiegen. Petrarca beschrieb seine Erlebnisse auf dieser Bergtour in einem Brief an den Kardinal Giovanni Colonna, wodurch Petrarca als »Vater der bergsteigerischen Idee« gilt; heute Autostraße.

Watzmann, einer der bedeutendsten und bekanntesten Berge Deutschlands (ganz auf bayerischem Gebiet) in den Berchtesgadener Alpen. Das mehrgipfelige Massiv ragt landschaftbeherrschend südwestlich von Berchtesgaden auf, umgeben vom Königssee (Osten) und Wimbachtal. Im markanten Nord-Süd-Hauptkamm die höchsten Erhebungen: Hocheck (2657 m), das den Nordpfeiler des ganzen Massivs bildet und schon früh von Einheimischen erstiegen wurde. Zu Beginn des 19. Jh. bedeutender Wallfahrtsort mit Bildstöcken und Kreuzen; vom Watzmannhaus auf teilweise gesichertem Weg (nur für Geübte) 2 Stunden. Beliebtes Skitourenziel. In der etwa 800 m hohen Ostwand 8 verschiedene Kletterrouten der Schwierigkeit III bis VI. Etwa 500 m südlich des Hochecks die Mittelspitze (2713 m), höchster Gipfel des Watzmannstocks, 1. Besteigung 1800 V. Stanig vom Hocheck über den Nordgrat, heutiger Normalweg, teilweise gesichert, 1/2 Stunde vom Hocheck; in der etwa 600 m hohen Ostwand drei Kletterrouten der Schwierigkeit III bis IV. Etwa 800 m südsüdwestlich des Mittelgipfels die Südspitze (2712 m), 1. Besteigung 1832 P. Thurwieser über die Südwestflanke (I, heute bezeichneter Steig, mühsam). Die Überschreitung vom Hocheck erfordert 1¹/₂ bis 2 Stunden, bezeichneter und teilweise gesicherter Steig (nur für Geübte). Große Bedeutung hat die Südspitze vor allem für die Begeher der fast 2000 m hohen Ostwand (III–VI).

Zimba, schön geformter und auch als »Vorarlberger Matterhorn« bekannter Berg (2643 m) im Rätikon, bricht südlich gegen das Rellstal, nördlich gegen das Sarotlatal ab. 1. bekannte Besteigung 1848 durch den Bludenzer Anton Neyer allein über die Südwand (heute nicht mehr gebräuchliche Route, II). Neyer war in Gipfelnähe auf ein menschliches Skelett gestoßen (vermutlich eines Jägers). Schönste und beliebteste Routen: Normalroute über den Westgrat (III, eine Stelle, sonst II), 1. Begehung 1900 V. Sohm mit J. Both; Ostgrat (IV–, eine Stelle, sonst III, II), 1. Begehung 1922 W. Gunz und G. Scheyer. Die übrigen acht Routen werden sehr selten begangen, meist brüchig. Als Stützpunkt dienen Hueter-Hütte im Süden und Sarotlahütte im Norden (beide ÖAV).

Zinnen, Drei, italienisch Tre Cime di Lavaredo, Felstürme (berühmte Kletterberge) in den östlichen Dolomiten; sie gehören zu den imposantesten Formationen der Alpen: Westliche (2973 m), Große (2999 m), Kleine (2857 m), Punta die Frida (2792 m), Kleinste (2700 m, Cima Piccolissima oder Preußturm). Dazu kommt noch ein knappes Dutzend Vor- oder Seitengipfel und Türme. Die von Ost nach West verlaufende Gipfelkette bildet gleichzeitig die Grenze der Provinzen Bozen (Norden) und Belluno (Süden). Im Norden die Zinnenhütte, am Ostfuß der Kleinen Zinne die Lavaredohütte, am Südfuß der Westlichen Zinne das Rifugio Auronzo, Endpunkt der Mautstraße von Misurina. Die Erstbesteigungen glückten zwischen 1869 und 1881. Über 100 Routen und Varianten; leider so gut wie keine lohnenden bis zum Schwierigkeitsgrad III.

Zugspitze, Deutschlands höchster und vielbesuchtester Berg (2962 m) südwestlich von Garmisch-Partenkirchen im Wettersteingebirge. Der Name »Zugspiz« wird 1590 erstmals erwähnt; 1. Besteigung 27. 8. 1820 im Rahmen eines Vermessungsauftrages der königlich-bayerischen Regierung durch Leutnant Joseph Naus, Meßgehilfe Maier und den Partenkirchener Führer Georg Deuschl durch das Reintal und über den Schneeferner (damals »Plattenferner«). Die eigentliche Erschließung setzte aber erst ca. 50 Jahre später ein. 1. Winterbesteigung am 7. 1. 1882 F. Kilger, H. Schwaiger, H. und J. Zametzer und H. Zott, wonach der Nimbus dieses Berges gebrochen war, erste Skiersteigung 1900 Anton Heinrich. Die Sektion München des DAV errichtete 1897 das Münchner Haus auf dem Westgipfel, 1900 Bau der Wetterstation. Bis 1923 ca. 40 000 Gipfelbesucher, die meist durch das Reintal (Knorrhütte) oder durch das Höllental (Höllentalhütte) und das »Brett« (Steiganlage) aufgestiegen sind. Alpinistisch immer noch interessant ist der Nordgrat (1906 H. Pfann, Frh. v. Hertling, IV). Neben dem Münchner Haus auf dem Gipfel befindet sich an der Ostflanke das Schneefernerhaus (Hotel), Endstation der Zahnradbahn der Bayerischen Zugspitzbahn; zu ihr gehört auch die Eibseebahn (Seilbahn), die direkt zum Westgipfel führt. Auf der Westgipfel-Westschulter endet die Tiroler Zugspitzbahn. Gipfelhotel. Die Zugspitze ist aufgrund ihrer Höhenlage und ihrer günstigen geographischen Situation immer mehr zum Stützpunkt einiger wissenschaftlicher Institute geworden.

© 1984   ISBN 3-475-52442-2

Dieses Buch erscheint in der Reihe »Rosenheimer Raritäten« im Rosenheimer Verlagshaus
Alfred Förg GmbH & Co. KG, Rosenheim.
Gesetzt wurde es bei Buch- und Offsetdruckerei Wagner GmbH, Nördlingen,
gedruckt und gebunden bei Richter Druck, Main-Presse GmbH & Co. KG, Würzburg.
Der Umschlag wurde gestaltet unter Verwendung zweier Fotos von Toni Hiebeler; er zeigt auf der Vorderseite
die Langkofel-Gruppe von Norden, auf der Rückseite die Grandes Jorasses in der Montblanc-Gruppe.
Alle Fotos stammen von Toni Hiebeler, München. Die Kartenskizzen zeichnete Norbert Kloyer.